LANGENSCHEIDTS KURZLEHRBUCH

30 Stunden Türkisch
für Anfänger

Von

PROF. DR. JOACHIM VENTER

und

DIPL.-PÄD. CAHIT KURT

LANGENSCHEIDT

BERLIN · MÜNCHEN · WIEN · ZÜRICH

Die Lektionstexte dieses Lehrbuches wurden auf einer Cassette aufgenommen (Best.-Nr. 83 137), die gesondert über den Buchhandel zu beziehen ist.

Auflage: 8. 7. 6. 5. | Letzte Zahlen
Jahr: 1991 90 89 88 | maßgeblich

Druck: Druckhaus Langenscheidt, Berlin-Schöneberg
Printed in Germany · ISBN 3-468-28370-9

Vorwort

Durch die zunehmende Bedeutung der Türkei als Reiseland und durch die fast alltäglich gewordene Begegnung mit den Türken, die bei uns leben und arbeiten, ist das Interesse an der türkischen Sprache gewachsen. Eine Möglichkeit der Verständigung muß von beiden beteiligten Völkern angestrebt werden. Unabhängig davon eröffnet sich dem Mitteleuropäer beim Erlernen der türkischen Sprache ein ganz neues Sprachverständnis, das auch zum besseren Verstehen der eigenen Sprache beitragen kann.

Der Erarbeitung dieses Kurzlehrbuches gingen lange Gespräche und Überlegungen voraus, wie sich in knapper Form der Zugang dieser in bezug auf den Wortschatz und die Satzlehre so andersartigen Sprache für Deutsche ermöglichen läßt. Über zehnjährige Erfahrungen in der Erwachsenenbildung einerseits und eine während des Studiums der Pädagogik und deren Praxis gemachte Begegnung mit deutsch-türkischen Sprachproblemen andererseits bilden die Basis dieses Lehrbuchs.

Lebendige Texte, sehr oft in Gesprächssituationen dargestellt, sind Kennzeichen der Lektionen. Inhaltlich betreffen die Texte das Leben in der heutigen Türkei und geben Einblick in die kulturspezifischen Lebensgewohnheiten. Die zahlreichen Unterschiede beider Sprachen machten es nötig, einen grammatikalischen Aufbau zu konzipieren, der vom Einfachen zum Schwierigen und von sehr häufig gebrauchten zu weniger häufigen Formen führt. Vor allem mit der Satzlehre konnte erst in der zweiten Hälfte des Buches begonnen werden, weil dazu im Türkischen andere Voraussetzungen als im Deutschen vorliegen müssen. In den ersten Lektionen konnte die Absicht, an Texten aus der Alltagssprache und nicht an rein konstruierten Texten zu lernen, nur erreicht werden, indem einige Vorwegnahmen einbezogen wurden. Die Vokabellisten nehmen diese Vorwegnahmen auf. Später wird auf sie teilweise besonders Bezug genommen.

Die Vokabellisten sind so angelegt, daß die neuen Wörter nicht in der Reihenfolge ihres Vorkommens, sondern in jeder Lektion alphabetisch aufgeführt werden. Wegen des sehr andersartigen Wortschatzes des Türkischen, eine Schwierigkeit, die nicht unterschätzt werden darf, ist mit Sicherheit zu erwarten, daß der Lernende öfters nach der Bedeutung bereits dagewesener Wörter zurückschlagen muß. Die so vollzogene Anordnung des Vokabulars stellt einen Kompromiß dar. Im übrigen ist die Verwendung eines Wörterbuchs, das auch Hinweise zur Formenlehre enthält (z. B. Erweichung von Konsonanten, Vokale beim r-Präsens), zu empfehlen (LANGENSCHEIDTS TASCHENWÖRTERBUCH TÜRKISCH Teil I/Teil II).

Bei den Erläuterungen wurde auf eine verständliche, manchmal vereinfachte Darstellung Wert gelegt. Wir glauben, alle wichtigen grammatikalischen Probleme erörtert zu haben; wir sind uns aber bewußt, daß nicht alle Probleme erschöpfend behandelt werden konnten. Textanalyse und die Erarbeitung der Erläuterungen sollten wechselseitig erfolgen. Die Übungen sind so angelegt, daß sie nicht nur der Vertiefung und Wiederholung dienen, sondern daß sie auch eine Rückübersetzung ermöglichen.

Die Verfasser

Inhaltsverzeichnis

(**A** = Lesestück, **B** = Grammatik)

Grundsätzliches über den Aufbau und die Lautlehre der türkischen Sprache

1. Das türkische Alphabet

Bis zum Jahre 1928 wurde das Osmanisch-Türkische wie das Arabische geschrieben. Kemal Atatürk ließ die arabische Schrift durch das lateinische Alphabet ersetzen, um auch damit die Voraussetzungen für eine Europäisierung zu schaffen. Diese Tatsache erleichtert zweifellos auch dem Deutschen das Erlernen der Sprache.

Von den 26 Buchstaben des deutschen Alphabets finden sich alle außer *q*, *w* und *x* auch im Türkischen wieder.
Darüber hinaus kommen 4 weitere Buchstaben dazu:
ç, ğ, ı und **ş**.

Auch die Umlaute **ö** und **ü** werden stets als besondere Buchstaben herausgestellt. Ein ä gibt es nicht.

A	**a**	**F**	**f**	**J**	**j**	**Ö**	**ö**	**U**	**u**
B	**b**	**G**	**g**	**K**	**k**	**P**	**p**	**Ü**	**ü**
C	**c**	-	**ğ**	**L**	**l**	**R**	**r**	**V**	**v**
Ç	**ç**	**H**	**h**	**M**	**m**	**S**	**s**	**Y**	**y**
D	**d**	**I**	**ı**	**N**	**n**	**Ş**	**ş**	**Z**	**z**
E	**e**	**İ**	**i**	**O**	**o**	**T**	**t**		

Über den Lautwert der Buchstaben siehe 5.

2. Der Gebrauch von Suffixen

Charakteristisch für die Konjugation, Deklination und viele weitere grammatikalische Formen ist im Türkischen das Anfügen von Endungen oder Suffixen an die Wortstämme. Mit diesen Suffixen werden nicht nur personale oder nur kasusgemäße Aussagen gemacht, sondern die Suffixe können sich in einer festgelegten Reihenfolge häufen, z. B.:

ev|imiz|de|yiz (*ein Wort*)
Haus unser in wir sind
= wir sind in unserem Haus (*5 Wörter*)

ver|e|me|yeceğim
geben nicht können ich werde
= ich werde nicht geben können (*5 Wörter*)

So werden oft in einem Wort verschiedene „Informationen“ verpackt, die wir im Deutschen nur viel ausgiebiger durch mehrere Wörter ausdrücken können. Die Summe der Suffixe kann, wie in unseren beiden Beispielen, durchaus größer als der Wortstamm sein.

3. Die Stammvokale und die Vokalharmonie

Kernstück der türkischen Sprache ist der Bestand und die Zuordnung der Vokale in den Silben eines Wortes. Das trifft einmal für den Aufbau feststehender Wörter oder Verbstämme zu; im weiteren betrifft es die Frage, welche Vokale die Suffixe besitzen dürfen, damit sie sich „harmonisch“ dem Wort bzw. dem Verbstamm angleichen. Man spricht deshalb von der **Vokalharmonie** in der türkischen Sprache.

Es gibt **8 Stammvokale,** und zwar

4 helle Vokale: **e, i, ö, ü**	und die
4 dunkle (dumpfe) Vokale: **a, ı, o, u**	

Diese Vokale werden in echten türkischen Wörtern **kurz** gesprochen. In der Regel kommen in rein türkischen Wörtern nur helle oder nur dunkle Vokale gemeinsam vor, z.B.:

Türkiye *Türkei;* **götürmek** *hinbringen;* **dondurma** *Speiseeis.*

Wörter ohne Vokalharmonie sind oft solche, die aus anderen Sprachbereichen assimiliert wurden:

cami *Moschee*	**kitap** *Buch* (arabisch)
adres *Adresse*	**büro** *Büro* (europäisch)

Auch manchen türkischen Wörtern fehlt die Vokalharmonie, besonders auch in Zusammensetzungen:

elma *Apfel;* **hangi** *welcher;* **başşehir** *Hauptstadt.*

Die Prinzipien der Vokalharmonie erlangen dadurch eine fundamentale Bedeutung, daß ihre Berücksichtigung die Voraussetzung der meisten grammatikalischen Formbildungen in der türkischen Sprache darstellt.
Dabei muß man zwischen der **großen** und der **kleinen** Vokalharmonie unterscheiden. Es geht dabei um das Problem, welche Vokale als

einzelne oder in Suffix- bzw. Einschubsilben stehen dürfen, damit sie mit den Vokalen der vorangehenden Silbe harmonieren.

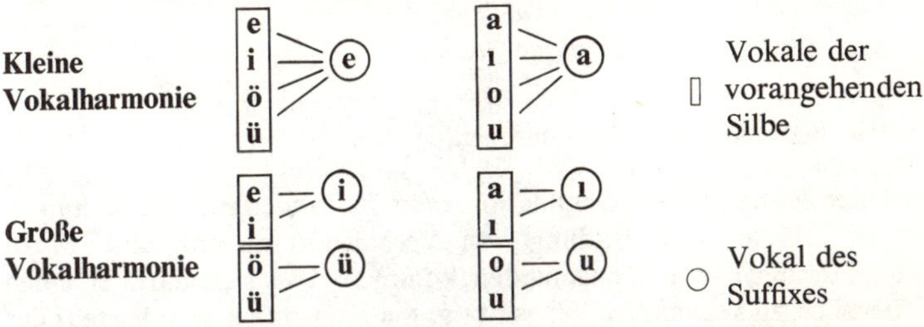

Die Bezeichnung **„kleine Vokalharmonie"** drückt aus, daß nur zwischen den zwei Vokalen **e** und **a** entschieden werden muß. Im Gegensatz dazu stehen innerhalb der **„großen Vokalharmonie"** vier Vokale **(i, ü, ı, u)** zur Entscheidung. Die 6 Vokale nennt man deshalb auch **Suffixvokale.** Beachten Sie, daß die Vokale **ö** und **o** nie in einem Suffix vorkommen.
Die kleine Vokalharmonie wird auch **„weite"** Vokalharmonie genannt, um auszusagen, daß hierbei bereits zwei Vokale eine weite Anwendung finden. Dementsprechend spricht man im anderen Fall auch von der **„engen"** Vokalharmonie.
Nur wenige Beispiele sollen an dieser Stelle die Anwendung der beiden Vokalharmonien verdeutlichen:

Kleine Vokalharmonie:

Das Suffix zur Bildung des Plurals ist **-ler** oder **-lar.**

ev *Haus* – ev**ler** *Häuser;* göz *Auge* – göz**ler** *Augen*
çocuk *Kind* – çocuk**lar** *Kinder*

Große Vokalharmonie:

Das Suffix zur Bildung des Partizips der Vergangenheit ist **-miş, -müş, -mış** oder **-muş.**

Das Suffix wird dem Verbstamm angefügt:

gel**miş**	gör**müş**	yaz**mış**	tut**muş**
gekommen	*gesehen*	*geschrieben*	*gegriffen*

Nur eine geringe Anzahl von Suffixen folgt **nicht** der Vokalharmonie, z.B. das Suffix **-ki** *befindlich:*

odada**ki** *im Zimmer* (*befindlich*)

Bei bestimmten, aber gerade wichtigen Wörtern, fällt der Vokal der letzten Silbe aus, wenn ein Suffix mit vokalischem Anfang folgt, z.B.:

oğul *Sohn*	oğl**um** *mein Sohn*
şehir *Stadt*	şehr**e** *in die Stadt*

4. Die Veränderungen von Konsonanten

Bei der Konjugation, Deklination oder bei anderen Formbildungen durch Suffixe (z.B. Bildung von Verbalsubstantiven) kann es zu Veränderungen von Konsonanten kommen. Um sich darüber einen Überblick zu verschaffen, ist es nötig, die Konsonanten in **harte** (oder **stimmlose**) und **weiche** (oder **stimmhafte**) einzuteilen. Verständlicherweise genügt es, sich eine Gruppe einzuprägen, um sie den übrigen Konsonanten gegenüberzustellen.

Die 8 harten Konsonanten sind: **f, p, ş, ç, k, h, s, t.**

Als anfängliche Hilfe hat sich ein Merksatz bewährt, der ausschließlich alle 8 harten Konsonanten enthält:

Fe paşa çok hasta. *Fe Pascha ist sehr krank.*

Bei den Veränderungen der Konsonanten müssen wir zwei Teilprobleme unterscheiden:

a) Erweichung harter Konsonanten am Wort- bzw. Silbenende:

Folgt auf die zwei harten Konsonanten **p** und **ç** ein Suffix, das mit einem Vokal beginnt, so werden diese Konsonanten oft zu **b** bzw. **c** erweicht:

mekt**up**	*Brief*	–	mektu**bum**	*mein Brief*
ağa**ç**	*Baum*	–	aga**ca**	*zum Baum*

Ausnahmen sind vor allem einsilbige Wörter, z.B.:

top *Ball* – top**u** *sein Ball.*

Auch **t** wird manchmal zu **d**:

ta**t** *Geschmack* – ta**dı** *sein Geschmack.*

Bei der Erweichung von **k** muß man unterscheiden, ob dem **k** ein Vokal vorausgeht oder nicht:

	ren**k**	*Farbe*	–	ren**gi**	*seine Farbe*
aber:	köpe**k**	*Hund*	–	köpe**ğim**	*mein Hund*

Da die Erweichung harter Konsonanten nicht regelmäßig erfolgt, wird in den Wörterbüchern durch Zusatz einer Silbe (es ist die Possessiv-Form der 3. Pers. Singular) auf eine Erweichung oder eine Beibehaltung der Erhärtung hingewiesen.

b) Erhärtung weicher Konsonanten am Anfang von Suffixen:

Die mit den weichen Konsonanten **c** und **d** beginnenden Suffixe werden nach den oben angeführten 8 harten Konsonanten ganz regelmäßig zu **ç** und **t** erhärtet.

Beispiele:

Bildung des Lokativs mit dem Suffix **-de** und **-da**:

	oda	*Zimmer*	–	oda**da**	*im Zimmer*
aber:	raf	*Regal*	–	raf**ta**	*auf dem Regal*

Wortbildung mit **-ci** bzw. **-cı, -cü, -cu**:

	gazete	*Zeitung*	–	gazete**ci**	*Journalist*
aber:	iş	*Arbeit*	–	iş**çi**	*Arbeiter*

5. Hinweise zur Aussprache

Die türkische Sprache ist eine phonetisch geschriebene Sprache, d. h. sie wird weitgehend so geschrieben wie sie gesprochen wird. Natürlich gibt es gegenüber dem Deutschen eine Reihe von Besonderheiten und Abweichungen, z. B.:

a) Einige Buchstaben haben im Türkischen eigene Lautwerte:

Buchstabe	*Lautwert*
c	**dsch** (nicht mit dem deutschen *c* vergleichbar)
ç	**tsch**
ğ	erweichtes **g**, manchmal kaum hörbar, steht nur nach Vokalen, die dadurch gelängt werden
h	1. dem deutschen **h** entsprechend, am Wort- oder Silbenanfang; 2. dem deutschen **ch** in a**ch** entsprechend, am Wort- oder Silbenende, aber schwächer
ı	im Rachen gesprochenes **i**, anders gesagt: ein **u** ohne Lippenrundung
ş	**sch**
v	**w**

Buchstabe	*Lautwert*
y	kurzer schwacher **i-** oder **j**-Laut (Näheres siehe weiter unten)
z	stimmhaftes **s** (nicht mit dem deutschen *z* vergleichbar)

b) Die Aussprache der Vokale

Neben den 8 kurzen Stammvokalen (s. 3.) gibt es im Türkischen gelängte Vokale.

In rein türkischen Wörtern tritt die Längung durch ein dem Vokal folgendes **ğ** ein (die Längung wird in der Lautschrift durch [:] bezeichnet).

Beispiele:

sağ [sa:]	*rechts*	sığır [si: –]	*Rind*
doğru [do: –]	*richtig*	uğramak [u: –]	*vorbeikommen*
eğlenmek [e: –]	*sich vergnügen*	diğer [di: –]	*der andere (Teil)*
öğle [ö: –]	*Mittag*	düğün [dü: –]	*Hochzeit*

Die Silbe **-eği-** wird in der Umgangssprache zum Teil bis zu einem gelängten geschlossenen [e:] verengt, z. B.

ben gele**ceğim** [-ce:m]

In Wörtern arabischen oder persischen Ursprungs können die drei Vokale **a, i** und **u** gelängt auftreten. Die Längung erfolgt hier durch den Zirkumflex ^, z. B.

lâzım [la: –] *nötig* tabiî [–bii:] *selbstverständlich*
üslûp [–lu:p] *Stil*

Der Zirkumflex wird bei dem Vokal **a** nicht immer gesetzt. Er wird in der Schreibweise dann zwingend, wenn die Längung gegenüber gleichgeschriebenen Wörtern abgehoben werden soll:

hâlâ [ha:la:] *immer noch*
aber: hala *Tante (Schwester des Vaters)*

Langes **â** steht auch meist hinter den hellen Konsonanten **g, k, l** (siehe Seite 15), z. B.

rüzgâr [–ga:r] *Wind*

Eine Verdopplung des Vokals **a** ist in manchen Wörtern arabischen Ursprungs zu finden. Häufig steht im Arabischen zwischen diesen

beiden Vokalen ein Konsonant (z.B. 'Ain) wie **saat**: *arab.* sā'at, *türk.* saat *Uhr*, *Zeit*.
Das erste **a** wird wie im Arabischen **lang** gesprochen.

c) Die Aussprache von y und v

Am Wortanfang und am Wortende treten **y** und **v** als reine Konsonanten auf. Als Anlaut werden sie stimmhaft gesprochen:

yok [jok] *es gibt nicht*	köy [köj] *Dorf*
var [war] *es gibt*	ev [ew] *Haus*

Im Wortinneren nähern sich in der Aussprache **y** dem kurzen unsilbigen **i** und **v** dem Vokal **u** (um so mehr, wenn sie an einen anderen Konsonanten grenzen):

büyük [büĭük] *groß*	Asya [Asĭa] *Asien*
cevap [dsche|ŭap] *Antwort*	Avrupa [Aŭrupa] *Europa*

d) Die Aussprache der Konsonanten

Die Einteilung in stimmlose und stimmhafte Konsonanten haben wir bereits kennengelernt (s. 4.).
Das **r** wird im Türkischen am Wortanfang und im Wortinneren mit gerollter Zungenspitze stimmhaft, am Wortende stimmlos mit einem Reibegeräusch gesprochen, z.B.

rençper **[r-]** (stimmhaft) – **[-r]** (stimmlos) *Landwirt*

Eine Sonderstellung in der Aussprache nehmen die drei Konsonanten **g, k, l** insofern ein, daß sie je nach dem begleitenden Vokal hell oder dunkel gesprochen werden.

In rein türkischen Wörtern lassen die Vokale diesen Unterschied deutlich erkennen:

helles g, k, l, z.B. **gelmek** *kommen*, gesprochen etwa [gʲelmekʲ].
dunkles g, k, l, z.B. **kalkmak** *aufstehen*, **karga** *Rabe*.
g und **k** werden wie im Deutschen gesprochen, **l** aber mit zurückgezogener Zunge, so daß es hohl klingt.

In Wörtern, die aus **dem Arabischen** stammen, werden helles **g, k, l** meist durch einen Zirkumflex über dem folgenden Vokal charakterisiert. In der Lautschrift wird auf die hellen Konsonanten z.B. durch [**k ince**], d.h. k ince okunur = **k** wird hell gelesen, verwiesen.

Beispiele:

rüzgâr [g ince] *Wind*
kâğıt [k ince], gesprochen: [kʲa:-] *Papier*
lâzım [l ince] *nötig*

Stehen die Konsonanten **k** und **l** am Wortende (**g** kommt nur in modernen Lehnwörtern im Auslaut vor), so ist zu beachten:

l am Wortende ist stets hell, z. B.

ha**l** [l ince] *Zustand, Lage*
usu**l** [l ince] *Art und Weise*

k kann, ohne feste Regel, sowohl ein heller als auch ein dunkler Konsonant sein, z. B.

tetki**k** [k ince] *Überprüfung*
mera**k** [k kalın (= dunkel)] *Neugier*
iştira**k** [k ince] *Teilnahme*

Da relativ viele aus dem Arabischen kommende Wörter auf **l** oder **k** enden, ist für die Aussprache und für die Suffixbildung die Kenntnis von hellen oder dunklen Konsonanten wichtig:

hal**im** kalmadı *wörtlich: mein Zustand ist nicht geblieben*
= ich bin erschöpft
pasaportun tetkik**i** *die Überprüfung des Ausweises*
merak**ımız** *unsere Neugier*
iştirak**i** *seine Teilnahme*

In Wörterbüchern sind Hinweise für die Vokalisierung gegeben (**i, ü** bzw. **ı, u**).

Doppelkonsonanten werden gelängt, aber nicht abgehackt ausgesprochen, ein vorhergehender Vokal wird nicht gekürzt:

a**nn**e *Mutter*; hissetmek *fühlen*; e**vv**el *vor*.

Doppelkonsonanten entstehen auch bei bestimmten Suffixbildungen:

satmak *verkaufen:* sa**tt**ı *er, sie, es verkaufte*
el *Hand*: e**ll**erim *meine Hände*

6. Hinweise zur Betonung

Im Deutschen liegen die Betonung und Schallfülle in einem aus mehreren Silben bestehenden Wort meist auf **einer** Silbe, z. B. „Erklärung" [–'– –]. (Das Betonungszeichen steht **vor** der betonten Silbe.)

Auch im Türkischen gibt es bei zahlreichen Wörtern deutliche Akzentuierungen, z. B.

bilhassa ['– – –] *besonders;* merhaba ['– – –] *guten Tag!;*
biber [–'–] *Paprika;* Istanbul [–'– –]

Bei den meisten Wörtern ist jedoch der Unterschied zwischen betonter und unbetonter Silbe sehr gering, so daß sich die Schallfülle über alle Silben „schwebend" verteilt. Das trifft z. B. für die meisten zwei- und dreisilbigen Wörter zu.

Bei mehrsilbigen Wörtern, etwa aus der Konjugation, liegen gewisse Schwerpunkte der Betonung auf den Silben, die zu einem raschen inhaltlichen Verständnis des Wortes beitragen. Hier ein Beispiel:

ta'mamla'ya'mamışlar *sie haben nicht beenden können*

Hier werden der Kern des Verbstamms (= tamam), die Verneinung (= ma) und das Nichtkönnen (= ya) hervorgehoben.
Die Suffixe sind teilweise betont, teilweise unbetont, z. B.

ol**maz** [–'–] *unmöglich;* büyük**tür** [–'– –] *er, sie, es ist groß.*

Zusammengesetzte Wörter werden auf dem Bestimmungswort betont, das das Grundwort beschreibt:

yemek odası [–'– –––] (Bestimmungswort: **yemek**) *Eßzimmer*
başşehir ['–––] (Bestimmungswort: **baş**) *Hauptstadt*

Ein besonderes Kennzeichen des Türkischen ist die Rhythmik, wobei durch den Wechsel der Tonhöhe die Sätze nach Wortgruppen gegliedert werden.
Das rasche Aussprechen der Silbenfolge, das dem Lernenden große Anfangsschwierigkeiten bereitet, und das Einhalten von inhaltsbezogenen Pausen gliedert die oft langen Sätze mit ihrem uns oft fremdartig erscheinenden Satzbau.
Hier ein Beispiel:

Bunun için de | kendilerinin | bu yolda çaba harcamaları | gerekmektedir.
Deshalb sind auch Ihre eigenen Bemühungen auf diesem Wege jetzt erforderlich.

Die vielseitigen Möglichkeiten, die türkische Sprache zu hören (Umgang mit türkischen Arbeitnehmern, Rundfunk- und Fernsehsendungen usw.) sind noch besser geeignet, den Klang der Sprache zu erfassen, als weitere detaillierte Hinweise zur Aussprache und Betonung.
Lautes, durch Tonband kontrolliertes Lesen und Sprechen sind nicht nur für den Erfolg erforderlich, sondern werden dem Lernenden zusehends Freude und neue Impulse für das Erlernen dieser klangvollen Sprache vermitteln.

Erklärung der grammatischen Fachausdrücke

Adjektiv	Eigenschaftswort: das **große** Haus
adjektivisch	als Eigenschaftswort gebraucht
Adverb	Umstandswort: er spricht **richtig**
Akkusativ	4. Fall, Wenfall: Er liest **den Roman.**
Aktiv	Tätigkeitsform: Der Mann **öffnet** die Tür.
Artikel	Geschlechtswort: **der** Mann, **die** Frau, **das** Kind
Attribut	Beifügung, Eigenschaft: Der **alte** Mann hat es nicht leicht.
Dativ	3. Fall, Wemfall: Ich gebe **dir** das Buch. Im Türkischen auch gerichteter Ortsfall.
Deklination	Beugung des Hauptwortes: **der Vater, des Vaters, dem Vater, den Vater; die Väter** usw.
deklinieren	beugen
Demonstrativpronomen	hinweisendes Fürwort: **dieser, jener, solcher** usw.
Diphthong	Zwielaut: **au, ei, eu, äu**
Femininum	weiblich(en Geschlechts)
Futur	Zukunft(sform): **ich werde kommen**
Genitiv	2. Fall, Wesfall: das Haus **des Vaters**
Genus	grammatisches Geschlecht
Imperativ	Befehlsform: **gib!**
Imperfekt	Vergangenheitsform des Zeitwortes: **ich fragte**
Indikativ	Wirklichkeitsform: Ich **lese** das Buch.
Infinitiv	Nennform, Grundform des Zeitwortes: **backen, lesen**
Interrogativpronomen	Fragefürwort: **wer, wessen, wem, wen; was, welcher ...**
intransitiv	vom Zeitwort: kein Objekt bei sich habend, z. B. **grübeln, gehen** usw.
irreal	unwirklich (in bezug auf Bedingungssätze)
Kardinalzahlen	Grundzahlen: **eins, zwei, drei ...**
Kasussuffixe	die Endungen der einzelnen Fälle
Komparativ	1. Steigerungsstufe: **schöner, größer**
Konjugation	Beugung des Zeitwortes: **ich gehe, du gehst ...**

konjugieren	ein Zeitwort beugen
Konjunktion	Bindewort: Er ist unglücklich, **weil** er keine Post bekommt.
Konjunktionaladverb	Er bekommt keine Post. **Deshalb (infolgedessen)** ist er unglücklich.
Konjunktiv	Möglichkeitsform: **er sei gekommen**
Konsonant	Mitlaut: **b, d, s . . .**
Lokativ	Ortsfall, z. B. **in der** Stadt, **auf der** Straße
Maskulinum	männlich(en Geschlechts)
Modalverben	Hilfsverben, die eine bestimmte Art des Geschehens (z. B. Notwendigkeit, Möglichkeit usw.) bedingen: **sollen, müssen . . .**
Neutrum	sächlich(en Geschlechts)
Nominativ	1. Fall, Werfall: **Der Mann** kauft ein Buch.
Objekt	Satzergänzung: Er öffnet **die Tür.**
Optativ	besondere Form im Türkischen: Bunu size anlat**ayım**. Ich **möchte** es Ihnen erklären.
Ordinalzahlen	Ordnungszahlen: **erste, zweite . . .**
Partikel	Beziehungswörter, die sich weder den Adverbien noch den Konjunktionen zuordnen lassen: Er hoffte **zu** kommen.
Partizip	Mittelwort: **gebacken, backend**
Passiv	Leideform: Die Tür **wird** von dem Mann **geschlossen.**
Perfekt	Vergangenheitsform: **ich bin weggegangen**
Personalpronomen	persönliches Fürwort: **ich, du, er** usw.
phonetisch	die Laute betreffend: **i, a, o, u . . .**
Plural	Mehrzahl: **die Kirschen**
Plusquamperfekt	Vorvergangenheit: **ich hatte geschrieben**
Possessivpronomen	besitzanzeigendes Fürwort: **mein, dein, sein . . .**
Postpositionen	Verhältniswörter, die nach dem Grundwort stehen: des Regens **wegen**
Prädikat	Satzaussage: Das Haus **ist groß.**
Präpositionen	Verhältniswörter: **auf, gegen, mit . . .**
Präsens	Gegenwart: **ich gehe**
Pronomen	Fürwort: **ich, du, er . . .**
reflexiv	rückbezüglich: **er** wäscht **sich**
Reflexivpronomen	rückbezügliches Fürwort: **mich, dich, sich . . .**
Relativpronomen	bezügliches Fürwort: Das Buch, **das** ich lese . . .
Singular	Einzahl: **die, eine** Kirsche
Subjekt	Satzgegenstand: **Das Kind** spielt mit dem Ball.

Substantiv	Hauptwort: **der Tisch**
substantivierter Infinitiv	**das Backen, das Arbeiten**
substantivisch	als Hauptwort gebraucht
Suffix	Endung, Ableitungssilbe: Acht-**ung**
Superlativ	Höchststufe bei der Steigerung des Eigenschaftswortes: **am schönsten,** das **größte** Haus
transitiv	vom Zeitwort, das den 4. Fall bei sich hat: **den Schüler** loben
Verb	Zeitwort: **gehen, kommen**
Verbaladverb	allgemeine Verbform im Türkischen, die verschiedene Beziehungen ausdrückt: **und, indem, während . . .**
Verbalsubstantiv	vom Zeitwort abgeleitetes Hauptwort: **Verfall**
Verbalsuffix	**-im, -in, -dir** usw.: gencim **ich bin** jung; gençtir **er (sie) ist** jung
Vokal	Selbstlaut: **a, e, i, o, u, ä, ö, ü**
Vokalharmonie	Einfluß des Vokals der Wurzel (des Verbstamms) auf die Vokale der Suffixe: **gelmek, yapmak . . .**

Abkürzungsverzeichnis

a.	auch	*Math.*	Mathematik
Abl.	Ablativ	*Nom.*	Nominativ
Adj.	Adjektiv	*od.*	oder
Adv.	Adverb	*Pers.*	Person
Akk.	Akkusativ	*Pl.*	Plural
bzw.	beziehungsweise	*s.*	siehe
Dat.	Dativ	*S.*	Seite
d.h.	das heißt	*Sg.*	Singular
etw.	etwas	*u.*	und
f.	folgende	*usw.*	und so weiter
Gen.	Genitiv	*v.*	von
Imp.	Imperativ	*vgl.*	vergleiche
Lekt.	Lektion	*wörtl.*	wörtlich
Lok.	Lokativ	*z.B.*	zum Beispiel

1. Lektion

Türkiye'den Bir Mektup 1 A

Bugün sadece bir mektup var. Başka mektup yok. Bu mektup Türkiye'dendir ve buraya uçak ile gelmiş. Üzerinde iki güzel pul var. Zarfın bir yüzünde iki ayrı adres yazılıdır. Yukarıdaki adres gönderene aittir. Gönderen Turgut'tur. Turgut Türkiyeli bir arkadaştır. Adı Turgut, soyadı Yıldırım'dır. Turgut bir öğretmendir. O evlidir, bekâr değildir. Turgut İstanbulludur. İstanbul büyük bir şehirdir. İstanbul'da çok tüccar, işçi ve zanaatkâr vardır, rençper yoktur.

Bugünkü mektup uzun değil, kısadır ve bir davetiyedir.

– Aziz Robert,

Uzun zamandır sizden hiç bir haber yok. Nasılsınız? Her halde iyisinizdir. . . . Bu yaz sizi İstanbul'da bekliyorum. . . .

Sonsuz selâmlarımla
Turgut Yıldırım

Erläuterungen 1 B

1. Der Artikel

(–) Şehir güzeldir. (–) Gönderen Turgut'tur

Im Türkischen lassen die Substantive grammatikalisch kein Geschlecht erkennen. Einen bestimmten Artikel gibt es nicht.

İstanbul büyük **bir** şehirdir. Istanbul ist **eine** große Stadt.

Das Zahlwort **bir** = *eins* steht für den **unbestimmten Artikel.**
Es ist zwischen Adjektiv und Substantiv zu setzen.

Odada sadece **bir** büyük pencere var.
Das Zimmer hat nur **ein** großes Fenster.

Bei Verwendung von **bir** als Zahlwort steht es vor dem Adjektiv.

2. var und yok

Üzerinde iki güzel pul **var**. Başka mektup **yok**.

Vielseitige Verwendung finden im Türkischen die beiden Wörter **var** und **yok**. Sie stehen für die deutschen Verbformen:

var *es gibt* / **yok** *es gibt nicht*.

Für die Übersetzung in gutes Deutsch bleibt natürlich ein entsprechender Spielraum, beispielsweise für obige zwei Sätze:

Darauf **befinden sich** zwei schöne Briefmarken.
Ein anderer Brief **liegt nicht vor**.

3. Das Hilfszeitwort „sein" (Präsens, 3. Person)

Mektup bir davetiye**dir**.	Der Brief **ist** eine Einladung.
Mektup kısa**dır**.	Der Brief **ist** kurz.
Soyadı Yıldırım'**dır**.	Sein Familienname **ist** Yıldırım.

Die Form des Hilfsverbs „sein" (Präsens, 3. Pers.) „*er, sie, es ist*" wird als Suffix **-dir** an Substantive und Adjektive angefügt; bei Eigennamen mit Apostroph. Dabei ist das Suffix unbetont; es unterliegt der großen Vokalharmonie (s. S. 11) und wird nach stimmlosen Konsonanten zu **-tir** (s. S. 13).

Beispiele:

bir öğretmen**dir** **er ist** (ein) Lehrer	pul güzel**dir** die Briefmarke **ist** schön
uzun bir zaman**dır** **es ist** eine lange Zeit	mektup kısa**dır** der Brief **ist** kurz
bir pul**dur** **es ist** eine Briefmarke	mektup uzun**dur** der Brief **ist** lang
bir gün**dür** **es ist** ein Tag	masa düz**dür** der Tisch **ist** eben

Yukarıdaki adres gönderene ait**tir**. Die obige Adresse **betrifft** den Absender.	Bu şehir büyük**tür**. Diese Stadt **ist** groß.

Turgut Türkiyeli bir arkadaş**tır**.
Turgut **ist** ein türkischer Freund.

Mektup uzun **değildir**.
Der Brief **ist nicht** lang.

değil heißt „**nicht**". Die verneinte Form „*er, sie, es ist nicht*" wird daher durch **değildir** wiedergegeben. Es darf nicht mit **yok** verwechselt werden.

İstanbul'da çok işçi var**dır**, rençper yok**tur**.
In Istanbul **gibt es** viele Arbeiter, **es gibt keine** Landwirte.

Werden an **var** oder **yok -dır** bzw. **-tur** angefügt, so verbindet sich damit eine allgemeingültige Aussage, nämlich in unserem Fall die Berufsstruktur Istanbuls.

Davetiniz çok güzel(–). Ihre Einladung **ist** sehr schön.

-dir kann, vor allem in der Umgangssprache, manchmal weggelassen werden.

Übungen **1 C**

1. Fügen Sie in den folgenden Fällen das Suffix -dir . . . an und übersetzen Sie:

güzel bir haber-, doğru bir adres-, kısa bir mektup-, İstanbullu bir arkadaş-, zarfın bir yüzünde adres yazılı değil-.

2. güzel bir şehir
güzel bir şehirdir
güzel bir şehir değildir

Bilden Sie nach obigen Beispielen drei Zeilen aus den folgenden Wortpaaren:

zaman, uzun	zarf, büyük
gün, iyi	yaz, güzel

3. Ergänzen Sie die fehlenden Suffixe und Wörter und übersetzen Sie:

a) Bugün bir mektup var, başka mektup . . . . .

b) İstanbul küçük değil, ...

c) Turgut Alman . . . . ., Turgut Türk-.

d) İstanbul'da rençper . . . . ., tüccar ve işçi . . . . .

4. Übersetzen Sie:

a) Heute gibt es gar keine gute Nachricht.
b) Die Nachricht ist sehr kurz.

c) Turgut ist kein Kaufmann, er ist Lehrer.
d) Die untenstehende Adresse gehört nicht zum Absender.
e) Turgut ist verheiratet, es geht ihm gut (= er ist gut).

Vokabeln

ad	Vorname
adı	sein Vorname
adres	Adresse
ait	zugehörig, betreffend
arka'daş	Freund
ayrı	unterschiedlich
aziz [–zi:]	lieber (*bei Anrede*)
başka	andere(r, -s)
bekâr [k ince]	Junggeselle; ledig
beklemek	warten, erwarten
bekliyorum	ich warte
bir	ein(e), eins
bu	diese(r, -s)
bugün	heute
bugünkü	heutig
buraya	hierher
büyük	groß
çok	viel, sehr
davetiye	(schriftl.) Einladung
değil [de:–]	nicht
doğru [do:–]	richtig, gerade
evli	verheiratet
gelmek	kommen
gelmiş	er, sie, es ist gekommen
gönderen	Absender
gönderene	dem Absender
güzel	schön
haber	Nachricht
her halde [l ince]	jedenfalls, ich nehme an
hiç	gar nicht
iki	zwei
ile	mit
İstanbul'da	in Istanbul
İstanbullu	Istanbuler
işçi	Arbeiter
iyi	gut
iyisiniz	es geht Ihnen gut
kısa	kurz
küçük	klein
mektup	Brief
nasıl	wie
'nasılsınız?	wie geht es Ihnen?
o	er, sie, es
öğretmen [ö:–]	Lehrer
pul	Briefmarke
rençper	Landwirt
sadece ['sa:–]	nur
selâm [l ince]	Gruß
selâmlarımla	mit vielen Grüßen
siz	ihr, Sie
sizden	von euch, von Ihnen
sizi	euch, Sie (*Akk.*)
sonsuz	endlos
soyad	Familienname
soyadı	sein Familienname
şehir	Stadt
Turgut	*männl. Vorname*
tüccar	Kaufmann
Türkiye	Türkei
Türkiye'den	aus der Türkei
Türkiyeli	aus der Türkei stammend
uçak	Flugzeug
uzun	lang
üzerinde	auf, obendrauf, darauf
var	es gibt
ve	und
yaz	Sommer
yazılı	geschrieben, beschriftet
Yıldırım	*Familienname*
yok	es gibt nicht
yukarıda	oben
yukarıdaki adres	die obere Adresse
yüz	Gesicht, Oberseite
zaman	Zeit
zanaatkâr [k ince]	Handwerker
zarf	Briefumschlag
zarfın bir yüzünde	auf einer Seite des Briefumschlags

Erläuterungen und Übungen:

Alman	deutsch, Deutscher
aşağıdaki	unten, untenstehend
düz	eben
gün	Tag
masa	Tisch

2. Lektion

Mektuba Cevap

2 A

Ertesi akşam ben arkadaşıma cevap yazıyorum.

– Aziz arkadaşım Turgut,

mektubunuzu aldım. Çok memnun oldum. Davetiniz için çok teşekkür ederim. Sağ olursam bu yaz sizi ziyarete gelirim.

Her gün eve çok yorgun gelirim. Mesleğim çok yorucudur, ama çok da boş zamanım var. Ben boş zamanlarımda dinlendirici işler yaparım. Güzel ve antika posta pulları toplarım. Bahçede de güzel çiçekler yetiştiririm. Bizim bahçede her çeşit çiçek bulunur. Haftada birkaç kere spora giderim. Bizim kulüpte çeşitli spor kolları var. Ben masa tenisi oynarım. Çocuklarım da tenis oynarlar. Onlar iyi tenisçidirler. Güzel havalarda kırlara gezmeye giderim. Bozuk havalarda evde Türkçe öğrenirim. Türkçe öğrenmek zor değildir. Ben biraz Türkçe anlarım . . .

Almanya'dan sonsuz selâmlar yollarım

Robert

Erläuterungen

2 B

1. Der Plural

a) çiçek Blume — çiçek**ler** **Blumen**
arkadaş Freund — arkadaş**lar** **Freunde**

Der Plural wird regelmäßig durch die Suffixe **-ler** oder **-lar** gebildet (kleine Vokalharmonie).

b) Üzerinde iki güzel pul(–) var.
İstanbul'da çok tüccar(–), işçi(–) ve zanaatkâr(–) var.

Eine bestimmte oder unbestimmte **Zahlenangabe** (oder ein **Sammelbegriff**) schließt im Türkischen zwangsläufig den Plural ein, so daß hier das Pluralsuffix wegfällt.

c) Onlar iyi tenisçi**dirler**. Sie **sind** gute Tennisspieler.
Çiçekler güzeldir(–). Die Blumen **sind** schön.

Auch für das Hilfsverb „sein" (Präsens, 3. Pers.) gibt es die Pluralform **-dirler** bzw. **-dırlar** *sie sind.*

Der Plural wird hier aber nur bei Personen, nicht bei Sachen verwendet.

2. Der Lokativ

bahç**e****de** **im** Garten, güzel havalar**da** **bei** schönem Wetter, İstanbul'**da** **in** Istanbul, kulüp**te** **im** Klub, zarf**ta** **im** Umschlag

-de bzw. **-da** sind Suffixe vor allem der Substantive und der Personalpronomen (s. Lektion 6); sie unterliegen der kleinen Vokalharmonie. Außerdem kommt es nach stimmlosen Konsonanten zur Erhärtung. Bei Eigennamen steht ein Apostroph.

Der Lokativ wird im Türkischen vielseitig verwendet. Er entspricht im Deutschen der adverbialen Bestimmung mit den Präpositionen *in*, *auf*, *an*, *bei*, *um* usw.

Beispiele:

masa**da** **auf** dem Tisch
Türkiye'**de** **in** der Türkei
ziyaret**te** **beim** Besuch
uçak**ta** **im** Flugzeug
saat bir**de** **um** ein Uhr

Das Suffix **-de** steht **vor** dem Suffix **-dir**:

ev**de**dir er, sie, es ist **zu** Hause

3. Das nachgestellte de

Bahçede **de** güzel çiçekler yetiştiririm. Auch im Garten züchte ich schöne Blumen.

Çocuklarım **da** tenis oynarlar. Auch meine Kinder spielen Tennis.

Das isoliert nachgestellte **de** oder **da** darf nicht mit dem Lokativ verwechselt werden. Es ist mit „**auch**, **ebenso**" zu übersetzen. Dieses **de** unterliegt der kleinen Vokalharmonie, aber nicht der Erhärtung.

4. Zum Satzaufbau

Bizim kulüpte çeşitli spor kolları **var**.
In unserem Klub **gibt es** verschiedene Sportabteilungen.

Bozuk havalarda evde Türkçe **öğrenirim**.
Bei schlechtem Wetter **lerne ich** zu Hause Türkisch.

Die Verbform steht im Türkischen in der Regel am Satzende.

Übungen **2 C**

1. Setzen Sie in den Plural:
ev, şehir, uçak, mektup, arkadaş, iki çiçek, odada.

Setzen Sie in den Singular:

pullar, işçiler, selâmlar, bahçelerde.

2. *Bilden Sie den Lokativ von:*

şehir, Almanya, Türkiye, adres, zaman, Frankfurt, evler.

3. O kulüptür. — Turgut kulüptedir.
Das ist ein Klub. — *Turgut ist im Klub.*

Bilden Sie in vergleichbarer Weise zwei Sätze aus folgenden Wortpaaren und übersetzen Sie:

bahçe, çocuk
zarf, mektup
şehir, Robert
okul, çocuklar
uçak, arkadaşım

4. *Übersetzen Sie folgende Sätze:*

a) İstanbul'da hava çok güzeldir.
b) Çocuklar bahçede de tenis oynarlar.
c) Turgut Ankara'da değil, İstanbul'dadır.
d) Şehirde büyük bir kulüp var.
e) Posta pulları toplamak enteresan ve dinlendiricidir.
f) Gül güzel bir çiçektir.
g) Kışın Türkiye'de bozuk havalar da vardır.

Vokabeln

akşam	Abend
aldım	ich habe erhalten
Almanya	Deutschland
Almanya'dan	aus Deutschland
ama	aber
anlarım	ich verstehe
antika	antik; besonders
arkadaşım	mein Freund
arkadaşıma	an meinen Freund
az	wenig
ben	ich
bahçe	Garten
bizim	unser
boş	frei
bozuk	schlecht, kaputt
bulunur	man findet
cevap	Antwort
çeşit	Sorte, Art
çeşitli	verschiedenartig
çiçek	Blume
çocuk	Kind
çocuklarım	meine Kinder
'davet	Einladung
davetiniz	Ihre Einladung
dinlendirici	erholsam
'ertesi	darauffolgend, nächst
ev	Haus
eve	nach Hause
'gelirim	ich komme
gezmeye giderim	ich gehe spazieren
gitmek	gehen, fahren
gün	Tag
her	jede(r, -s)

hafta	Woche
hava	Luft, Wetter
için	für
iş	Arbeit
kaç; bir kaç	einige
kere	Mal
kır	die freie Umgebung
kulüp [l ince]	Klub
masa tenisi	Tischtennis
mektuba	*hier:* auf den Brief, zum Brief
mektubunuzu	Ihren Brief (*Akk.*)
memnun oldum	ich habe mich gefreut, Sie haben mich erfreut
mesleğim [–le:–]	mein Beruf
onlar	sie
oynarım	ich spiele
oynarlar	sie spielen
öğrenmek	lernen
öğrenirim	ich lerne
posta pulları	Briefmarken
sağ	rechts; gesund
sağ olursam	wenn ich gesund bin
spor kolları	Sportabteilungen
spora	zum Sport
tenis	Tennis
tenisçi	Tennisspieler
teşekkür ederim	ich danke
toplamak	sammeln
toplarım	ich sammle
Türkçe	Türkisch
yaparım	ich mache
yazıyorum	ich schreibe
yetiştiririm	ich züchte, pflanze
yollarım	ich sende, schicke
yorgun	müde
yorucu	ermüdend, anstrengend
zamanım	meine Zeit
zamanlarım	meine Zeiten
ziyarete	zu Besuch
zor	schwer, schwierig

Erläuterungen und Übungen:

enteresan	interessant
gül	Rose
'kışın	im Winter
o	der (die, das) dort
saat	Uhr, Zeit
şey	Sache, Ding

3. Lektion

Türkiye Haritası

3 A

Turgut'un davetiyesi iki haftadır bende. Yeni bir haber yok. Turgut beni Türkiye'de bekliyor.

Herhangi bir seyahat için kitaplar ve coğrafya atlası çok önemlidir. İşte bu bir Türkiye haritasıdır. Türkiye büyük bir memlekettir. O Federal Almanya Cumhuriyeti'nin üç katı kadar toprağa sahiptir. Türkiye'nin bugünkü başşehri Ankara'dır.

T.C. (Türkiye Cumhuriyeti) iki kıta üzerindedir. İstanbul'un bu her iki kıta üzerinde toprakları vardır.

Haritada görüldüğü gibi Türkiye'nin üç yanında denizler vardır. Bu denizler oldukça temizdir ve suları da sıcaktır. Türkiye'nin batı bölgeleri ovalık öteki bölgeleri ise dağlıktır. Ortasında masa gibi bir plato ve birkaç da göl vardır. Tuzgölü'nün suları tuzlu, Vangölü'nün suları sodalıdır.

Yalnız kuzeydeki dağlar sık ormanlar ile kaplıdır. En yüksek dağ Doğuanadolu'daki Ağrıdağı'dır (5165 m). Türkiye'nin yedi tane komşu ülkesi vardır.

1. Die Genitiv-Possessiv-Konstruktion

Turgut'**un** davetiyes**i**	**Turguts** Einladungsschreiben
seyahat**in** hazırlığ**ı**	die Vorbereitung **der Reise**
İstanbul'**un** toprakları	die Gebiete (= Teile) **Istanbuls**

Eine der wichtigsten Formen der inhaltlichen Verbindung zweier Wörter erfolgt im Türkischen durch eine Genitiv-Possessiv-Konstruktion (substantivisches Attribut). Sie wird uns am deutlichsten verständlich durch die wörtliche Übersetzung und den Vergleich mit dem Deutschen:

Mehmet'**in** kitabı	**des Mehmets** sein Buch
arkadaş**ın** mektubu	**des Freundes** sein Brief

Dagegen im Deutschen: *Mehmets Buch – der Brief des Freundes.*

Die Personen (oder Dinge), die näher bezeichnet werden sollen, erhalten das Possessivsuffix der 3. Person. Das Attribut steht im Genitiv.

Die Genitivsuffixe:

-in	Ahmet'**in**	Bei Vokalendungen wird ein **-n-** eingeschoben:	
-ın	zarf**ın**		masa**nın**
-ün	gün**ün**		Türkiye'**nin**
-un	mektub**un**		

Die Possessivsuffixe (3. Pers. Singular u. Plural):

-i	(und **-leri**)	adres**i** – adres**leri**	
-ı	(und **-ları**)	kitab**ı** – kitap**ları**	
-ü		göl**ü**	Bei Vokalendungen wird ein **-s-**
-u		mektub**u**	eingeschoben: çocuğun baba**sı**

Das **Lokativsuffix** wird unter Einschub eines **-n-** angefügt:

zarfın köşesi**nde**	*in der Ecke des Umschlags*
İstanbul'un toprakları**nda**	*in den Gebieten Istanbuls*

2. Die feste Begriffsverbindung

Türkiye(–) harita**sı**	*die Karte der Türkei* (= *die Türkeikarte*)
Federal Almanya(–) Cumhuriyet**i**	*die Bundesrepublik Deutschland*

In den Fällen fester Begriffsverbindungen steht das Bezugswort nicht im Genitiv sondern es verbleibt im Nominativ. Daß es sich im Deutschen dabei oft um zusammengesetzte Substantive handelt (z. B. Türkeikarte), darf zu keiner Regel erhoben werden.

Beachten Sie auch folgende Anwendung:

Ankara şehri	*die Stadt Ankara*
İzmir treni	*der Zug nach (von) Izmir*

3. Das Suffix -ki

Asya'da**ki**	*zu Asien gehörig, in Asien befindlich*
güneyde**ki**	*im Süden*
bugün**kü**	*zu heute, heutig*

Die Endung **-ki** (**nur** noch als **-kü**) gibt deutlich und betonend die Zugehörigkeit, den Besitz einer Sache (oder Person) an. Umschreibende Übersetzungen sind „befindlich“ oder „zugehörig zu“.

Übungen **3 C**

1. a) Stellen Sie von folgenden Wortpaaren die Genitiv-Possessiv-Konstruktion her und übersetzen Sie:

arkadaş, adres – Turgut, selâmlar – Robert, ziyaret – Türkiye, dağlar – masa, köşe – İstanbul, camiler

b) Bilden Sie die festen Begriffsverbindungen:

Türkiye, Cumhuriyet – coğrafya, atlas – Almanya, harita – posta, pul

2. Pul, köşe, sağ, damga, var
pulun köşesi *die Ecke der Briefmarke*
pulun sağ köşesinde *an der rechten Ecke der Briefmarke*
pulun sağ köşesinde bir damga var *an der rechten Ecke der Briefmarke befindet sich ein Stempel*

Bilden Sie nach obigem Beispiel ganze Sätze:

Türkiye, bölgeler, doğu, dağlar, var
Turgut, mektup, bugünkü, davetiye, var
otel, odalar, bütün, kalorifer, var
göl, orta, tam, çok balık, var
dağlar, tepe, yüksek, orman, yok

3. Übersetzen Sie die festen Begriffsverbindungen:

der Hausbesitzer, die Zeitungsnachrichten, die Messe von Izmir, der Postkasten (Briefkasten), der Stadtplan, der Bahnhof Sirkeci, die Universität Istanbul

4. Beantworten Sie folgende Fragen:

a) Türkiye'nin Avrupa'daki parçasının adı nedir?
b) Federal Almanya Cumhuriyeti'nin başşehrinin adı nedir?
c) Türkiye'nin en yüksek dağının adı nedir?
d) Turgut'un soyadı nedir?

Vokabeln

Ağrıdağı	Ararat (*5165 m*)
altı	sechs
atlas	Atlas
'başşehir	Hauptstadt
batı	Westen, West-
bekliyor	er wartet
bende	bei mir
beni	mich, auf mich
bölge	Gebiet, Gegend
coğrafya	Geographie
cumhuriyet	Republik
T.C.	Republik Türkei
dağ [da:]	Berg
dağlık	gebirgig
deniz	Meer
doğu [do:–]	Osten, Ost-
Doğuanadolu	Ostanatolien
en yüksek	der höchste
Federal Almanya Cumhuriyeti	Bundesrepublik Deutschland
gibi	wie
göl	*der* See
görüldüğü [–dü:–] **gibi**	wie man sieht
herhangi	irgendwelche(r, -s)
harita	Landkarte
ise	aber, jedoch
işte	hier ist (*bei Hinweis*)
kadar	bis
kaplı	bedeckt
kat	Stockwerk, *hier:* Mehrfaches
üç kat	dreimal
kıta	Kontinent
her iki kıta üzerinde	auf beiden Kontinenten
kitap	Buch
komşu	Nachbar
kuzey	Norden, Nord-
memleket	Land, Heimat
oldukça	ziemlich
orman	Wald
orta	Mitte
ortasında	in ihrer (der) Mitte
ova	Ebene
ovalık	eben
önemli	wichtig
öteki	der andere (von zweien)
plato	Hochebene
sahip	Besitzer, Herr
seyahat	Reise
sıcak	warm, heiß
sık	dicht
sodalı	sodahaltig
su	Wasser
tane	Stück
temiz	sauber
toprak	Erde, Landfläche
toprağa [–ra:–]	(*Dat.*) *hier:* von Landfläche
Tuzgölü	*See in Anatolien*
tuzlu	salzig
üç	drei
ülke	Land, Staat
Vangölü	*See in Anatolien*
yalnız	nur
yan	Seite
yeni	neu
yüksek	hoch

Erläuterungen und Übungen:

Asya	Asien
Avrupa	Europa
balık	Fisch
bütün	ganz, alle
cami	Moschee
damga	Stempel
fuar	Messe
güney	Süden, Süd-
hazırlık	Vorbereitung
istasyon	Bahnhof
kalorifer	Zentralheizung
köşe	Ecke
kutu	Kasten
nedir?	was ist?
oda	Zimmer
otel	Hotel
parça	Teil
tam	ganz, genau
tepe	Gipfel, Spitze
üniversite	Universität

4. Lektion

Seyahat Hazırlıkları **4 A**

Dört hafta sonra yıllık izinim başlıyor.

Türkiye'ye hareket günü yaklaşıyor. Türkiye'ye ilk defa gidiyorum. Bunun için Frankfurt'taki Türkiye Turizm Bürosu'na bir mektup yazıyorum. Büro bana çok kısa bir zamanda broşürler yolluyor. Broşürün biri "Güneş – Deniz – Tarih" başlığı ile başlıyor. Bu broşür bol resimli ve içindekiler çok enteresandır. Ben bu broşürü okuyorum ve Türkiye hakkında oldukça çok şey öğreniyorum. Onda Türkiye'den resimler görüyorum.

Türkçe-Almanca, Almanca-Türkçe sözlük ve dil rehberi satın alıyorum. Çünkü, ben yavaş yavaş Türkçe öğrenmek istiyorum. Bu senelerde bir çok Türk işçisi Almanya'ya bir çok turist de Almanya'dan Türkiye'ye geliyorlar. Ben İstanbul'a trenle gidiyorum. Bunun için Bulgaristan Büyük Elçiliği'nden transit geçiş vizesi alıyorum. Ben biliyorum, Türkiye yolu oldukça uzundur. Onun için trenden kuşetli yer ayırtıyorum. Arkadaşım Turgut'a, hanımına ve çocuklarına hediyeler satın alıyorum. Tüm eşyaları bavuluma yerleştiriyorum. Pasaportumu da cebime koyuyorum.

Erläuterungen **4 B**

1. Der Dativ

a)

arkadaş	– arkadaş**a**	– arkadaşlar**a**
ev	– ev**e**	– evler**e**
Mehmet'**e**		

Die Dativbildung unterliegt der kleinen Vokalharmonie. Als Suffixe treten auf **-a** und **-e**. Das trifft auch für die Pluralbildung zu. Bei Eigennamen wird ein Apostroph gesetzt.

b)

Almanya'**ya**	Türkiye'**ye**
masa**ya**	işçi**ye**

Endet das Substantiv auf einen **Vokal**, so wird ein **y** eingeschoben.

c)

Turgut'un hanımı**na**	Turguts Frau (*Dat*), zu T. Frau
ev köşesi**ne**	der Hausecke (*Dat.*), in die Hausecke
Tuzgölü'**ne**	dem Tuzgölü (*Dat.*), zum T.

Hat das Substantiv eine Possessivendung der 3. Person (also auch eine vokalische Endung), so wird ein **n** eingeschoben (wie es bei der Bildung des Lokativs und Ablativs auch der Fall ist).

d) kita**p** – kita**b**a çocu**k** – çocu**ğ**a

Für die Dativbildung gilt die Regel der Erweichung von bestimmten Konsonanten (s. S. 12).

e) Von besonderer Bedeutung ist, daß die Anwendung des Dativs im Türkischen vielseitiger ist. Mit dem Dativ drückt man auch eine zielgerichtete adverbiale Bestimmung (auf die Frage „wohin?") aus. Entsprechend dem Satzinhalt kann **çocuğa** nicht nur *dem Kind*, sondern auch *zu dem Kind* bedeuten. Entsprechend sind zu übersetzen:

Almanya'ya	**nach** Deutschland
Turizm Bürosu'na	**zum** Reisebüro, **an das** Reisebüro

2. Der Ablativ

Almanya'**dan**	**aus** Deutschland	tren**den**	**aus** dem Zug
Frankfurt'**tan**	**aus** Frankfurt	memleket**ten**	**aus** der Heimat

Mit dem Ablativ drückt man eine adverbiale Bestimmung der Richtung (auf die Frage „woher?") aus. Der Ablativ kann mit den Präpositionen „aus" und „von" übersetzt werden. Die formale Bildung entspricht ganz dem Lokativ (s. Lekt. 2).

3. Das yor-Präsens (Bejahung)

a) Wir lernen nun eine erste Verbform kennen. Alle türkischen Verben tragen im Infinitiv das Suffix **-mak** oder **-mek:**

Verbstamm	**Infinitivendung**	
al	– **mak**	*nehmen*
gel	– **mek**	*kommen*
oku	– **mak**	*lesen*

b) Es gibt zwei Präsensformen, die deutlich unterschiedliche Anwendung finden: das **yor-Präsens** und das **r-Präsens** (s. Lekt. 8). Mit dem yor-Präsens wird eine sich gerade vollziehende Handlung ausgedrückt:

geli**yor**um ich komme **(gerade).**

Man kann diese Zeitform etwa mit der im Englischen sehr gebräuchlichen Verlaufsform (*I am coming*) vergleichen.

Die Formulierung **yor**-Präsens besagt, daß der Verbstamm ein Suffix mit der entscheidenden Silbe **yor** erhält. Vor dieser Silbe stehen die Vokale der großen Vokalharmonie, also

-**i**yor -**ı**yor -**ü**yor -**u**yor.

Dies ist gleichzeitig das Suffix der 3. Person Singular. Bei den übrigen Personen sind bestimmte Personalendungen anzufügen. Es ergibt sich folgende Konjugation:

1. Pers. Sg.			
geliyor**um**	yazıyor**um**	görüyor**um**	konuşuyor**um**
2. Pers. Sg.			
geliyor**sun**	yazıyor**sun**	görüyor**sun**	konuşuyor**sun**
3. Pers. Sg.			
geliyor	yazıyor	görüyor	konuşuyor
1. Pers. Pl.			
geliyor**uz**	yazıyor**uz**	görüyor**uz**	konuşuyor**uz**
2. Pers. Pl.			
geliyor**sunuz**	yazıyor**sunuz**	görüyor**sunuz**	konuşuyor**sunuz**
3. Pers. Pl.			
geliyor**lar**	yazıyor**lar**	görüyor**lar**	konuşuyor**lar**

Die 2. Pers. Plural ist gleichzeitig die Höflichkeitsform „Sie“. Im Türkischen wird die Höflichkeitsform sehr häufig verwendet.

c) başl**a**mak – başl**ıyor**um; ist**e**mek – ist**iyor**um; yoll**a**mak – yoll**uyor**um

Bei Verbstämmen, die auf einen Vokal enden, fällt dieser Vokal weg, und das der Vokalharmonie entsprechende Verbalsuffix wird angefügt.

Es entsteht deshalb für den Lernenden manchmal das Problem, aus einer bestimmten Verbform den richtigen Infinitiv abzuleiten (um daraufhin die Bedeutung im Wörterbuch nachschlagen zu können), z.B.

tanıyorum *ich kenne*

Der Infinitiv des Verbs könnte „tanımak“ oder „tanmak“ lauten; tatsächlich trifft **tanımak** zu.

d) gi**t**mek – gi**d**iyorum; e**t**mek – e**d**iyorum

Zu beachten ist, daß manche Verbstämme bei der Konjugation erweichen. Dafür gibt es keine feste Regel.

e) **ben** geliyorum – **ben** konuşmak istiyorum
ich komme *ich möchte sprechen*

ben *ich* als Personalpronomen in Verbindung mit der Verbform unterstreicht die Aussage, daß **ich** komme.

Bei Verstärkungen, in kurzen Sätzen oder bei Antworten auf eine Anfrage werden deshalb **ben** und ebenso die anderen Personalpronomen verwendet.

ben	ich	**biz**	wir
sen	du	**siz**	ihr, Sie
o	er, sie, es	**onlar**	sie

Übungen 4 C

1. Bilden Sie den Dativ und übersetzen Sie:

a) orman, tren, Frankfurt, büro, köşe, Londra, kat, mektup (*p zu b*)

b) Türkiye'nin şehirleri, masanın ortası, Türkiye Cumhuriyeti, zarfın sağ köşesi

2. Almanya'**ya** – Almanya'**da** – Almanya'**dan**

Bilden Sie entsprechend dem Beispiel die drei Formen der adverbialen Bestimmung von:

der Wald, die Hauptstadt, Ostanatolien, das Meer, Mehmets Büro, der Norden der Türkei

3. Konjugieren Sie im yor-Präsens:

ayırtmak, yerleştirmek, yollamak, gülmek

4. Ahmet evdedir. — *Ahmet ist zu Hause.* (*im H.*)
Ahmet evden geliyor. — *Ahmet kommt von zu Hause.* (*aus dem H.*)
Ahmet eve gidiyor. — *Ahmet geht nach Hause.* (*ins H.*)

Verwenden Sie in gleicher Anwendungsweise folgende Wörter:

Robert, Almanya, yazmak, gelmek
çocuk, babası, anlatmak, yaklaşmak
Turgut, Türkiye, anlatmak, dönmek

5. Übersetzen Sie:

a) Robert läßt im Reisebüro einen Liegewagenplatz reservieren.
b) Er schreibt mir einen Brief.
c) In der Türkei wollen wir nur türkisch sprechen.
d) Du liest im Zug (nach) Istanbul viel (*çok şeyler*) über die Türkei.
e) Das Kind verstaut seine Bücher in seinen Koffer.
f) In Bonn erhalten wir von der Bulgarischen Botschaft ein Durchreisevisum.

Vokabeln

Almanca	deutsch
ayırtmak	reservieren lassen
bana	mir, an mich
başlamak	anfangen, beginnen
başlık	*hier:* Überschrift
bavul [ba:ul]	Koffer
bilmek	wissen, können
biri	(*nach Gen. oder Abl.*) eine(r, -s)
bol	groß, reichlich
broşür	Broschüre, Prospekt
Bulgaristan	Bulgarien
bunun için	deshalb
büro	Büro
Büyük Elçilik	Botschaft
cep	Tasche (*am Kleidungsstück*)
cebime	in meine Tasche
çocuk	Kind
çünkü	denn
defa	Mal, -mal
dil	Sprache; Zunge
dört	vier
eşya	Sachen, Gegenstände
geçiş	(Durch-)Reise
görmek	sehen
güneş	Sonne
hakkında	betreffs, über
hanım	Frau, Dame; Ehefrau
hareket	Bewegung; Abfahrt
hediye	Geschenk
içindeki	im Inneren befindlich, Inhalt
ilk	erste(r, -s)
istemek	wünschen, wollen
izin	Erlaubnis; Urlaub
konuşmak	sprechen
koymak	legen, stellen; *hier:* stecken
kuşetli yer	Liegewagenplatz
okumak	lesen
onun için	deshalb
pasaport	Reisepaß
rehber	Führer; Fahrplan
resim	Bild
resimli	bebildert, mit Bildern
satın almak	kaufen
sene	Jahr
sonra	nach
sözlük	Wörterbuch
tarih	Geschichte (*Historie*); Datum
transit geçiş	Durchreise
tren	Zug, Eisenbahn
trenle	mit dem Zug
turist	Tourist
tüm	vollständig, ganz, alle
Turizm Bürosu	Reisebüro
vize	Visum
yaklaşmak	sich nähern
yavaş	langsam
yazmak	schreiben
yer	Platz
yerleştirmek	an seinen Platz bringen, verstauen
yıl	Jahr
yıllık	jährlich, Jahres-
yol	Weg
yollamak	auf den Weg bringen, absenden

Erläuterungen und Übungen:

anlatmak	erzählen
dönmek	drehen, umkehren, zurückkehren
gülmek	lachen
Londra	London

5. Lektion

Türkiye'ye Yolculuk 5 A

Hareketimden evvel arkadaşım Turgut'a bir telgraf çekiyorum: – Pazartesi günü saat 15 te İstanbul'a tren ile geliyorum, diye yazıyorum. Nihayet bavulu alıyorum ve Stuttgart'tan trene biniyorum. Avusturya'nın dağları, Yugoslavya'nın ovaları arasından geçiyoruz. Bu uzun yolculuk sırasında güzel manzaralar görüyoruz ve hiç sıkılmıyoruz. Tren öyle sık sık her istasyonda durmuyor. Yolculuk sırasında kompartmandaki arkadaşlarla zaman zaman konuşuyoruz. Bu sohbetimiz bir az Almanca, bir az Türkçe oluyor. Buradan Türkiye'ye kadar bizim kompartmandan kimse inmiyor ve kimse de binmiyor. Biz hep beraber Sirkeci istasyonunda trenden iniyoruz. Kalabalık içerisinde Turgut ve hanımı beni karşılıyorlar. Orası anababa günü gibi, iyi ki karşılamayı unutmuyorlar.

Turgut: – Hoş geldiniz aziz dostum. Nasılsınız?

Misafir: – Teşekkür ederim, çok iyiyim. Siz nasılsınız? Yenge hanım, siz de iyisiniz, değil mi?

Turgut ve hanımı: – Çok teşekkür ederiz. Sizin geldiğinize çok seviniyoruz.

Turgut: – Şimdi taksi ile gidiyoruz.

Biz hep beraber istasyondan çıkıyoruz, Turgut taksiciyi çağırıyor ve fiatı pazarlık ediyor. Ben bu pazarlıktan hemen hemen hiç anlamıyorum. Biz taksiye biniyoruz, eve hareket ediyoruz.

Erläuterungen 5 B

1. Der Akkusativ

a) ben broşürler**i** okuyorum — ich lese **die Broschüren**
nihayet bavul**u** alıyorum — schließlich nehme ich **den Koffer**
ben**i** karşılamay**ı** unutmuyorlar — sie vergessen nicht **das Abholen mich** = sie vergessen nicht, mich abzuholen

Die Suffixbildung beim Akkusativ unterliegt der großen Vokalharmonie; es werden die Vokale **-i, -ı, -ü** und **-u** angefügt: tren**i**; fiat**ı**; gün**ü**; pul**u**.

b) Aber: babay**ı** işçi**y**i komşu**y**u karşılama**y**ı
Endet das Substantiv, die substantivierte Verbform usw. auf einen **Vokal**, so wird, wie bei der Dativbildung, ein **y** eingeschoben.

c) çocu**k** – çocu**ğ**u; köpe**k** – köpe**ğ**i; balı**k** – balı**ğ**ı; kita**p** – kita**b**ı

Auch bei der Akkusativbildung erweichen einige stimmlose Konsonanten.

d) Der Gebrauch des Akkusativs bereitet dem Lernenden trotz formaler Beherrschung erfahrungsgemäß Schwierigkeiten. Es mag deshalb erleichternd zur Kenntnis genommen werden, daß der Türke die Akkusativendung im allgemeinen nur dann verwendet, wenn es sich um ein bestimmtes Objekt (Person, Gegenstand) handelt, sonst aber den Nominativ gebraucht.

Beispiele: Güzel manzaralar(–) görüyoruz. *Wir sehen (die) schöne(n) Landschaft(en).*
Hiç bir şey(–) anlamıyorum. *Ich verstehe nichts.*

e) Mit der Einführung des Akkusativs sind uns nun alle 6 Fälle der Deklination im Türkischen bekannt. Eine Übersicht vervollständigt und wiederholt die Deklination.

Nom.	ev	baba	göz	çocuk
Gen.	ev**in**	baba**nın**	göz**ün**	çocu**ğun**
Dat.	ev**e**	baba**ya**	göz**e**	çocu**ğa**
Akk.	ev**i**	baba**yı**	göz**ü**	çocu**ğu**
Lok.	ev**de**	baba**da**	göz**de**	çocuk**ta**
Abl.	ev**den**	baba**dan**	göz**den**	çocuk**tan**

Die Überbrückungsbuchstaben beim Zusammentreffen zweier Vokale sind im Genitiv **n**, im Dativ und Akkusativ **y**.

f) Auch für die **Genitiv-Possessiv-Konstruktion** (s. Lekt. 3) besteht die Notwendigkeit der Akkusativbildung (und der übrigen Deklinationsbildungen).

Turgut'un evin**i** görüyorum.	Ich sehe **Turguts Haus.**
Taksinin fiatın**ı** pazarlık ediyor.	Er handelt um **den Preis des Taxis.**

Bei der Form ev-**i**-n-**i** sind die Suffixe **i** identisch, aber nach ihrer Bedeutung eindeutig einzuordnen. Es gilt die Regel, daß zunächst das Possessivsuffix, dann das Deklinationssuffix anzufügen ist. Die Überbrückung bei der 3. Person Singular und Plural erfolgt, wie wir vom Lokativ und Ablativ her wissen, durch Einschub eines **n**.

2. Das Possessivsuffix der 1. Person Singular

Die Reihenfolge der Suffixe ist leichter erkennbar, wenn man Formen mit dem Possessivsuffix der 1. Person Singular dekliniert. Zunächst müssen wir dieses Suffix kennenlernen: ev**im** **mein** Haus.

Die Bildung folgt der großen Vokalharmonie:

arkadaş**ım** – göz**üm** – mektub**um**.

Aber: baba**m** – anne**m**

Nach einer vokalischen Endung wird nur ein **-m** angefügt.

Daraus folgt eine ganz regelmäßige Deklination:

Nom.	baba**m**	mein Vater
Gen.	baba**mın**	meines Vaters
Dat.	baba**ma**	meinem Vater, zu meinem Vater
Akk.	baba**mı**	meinen Vater
Lok.	baba**mda**	bei meinem Vater
Abl.	baba**mdan**	von meinem Vater

3. Das verneinte yor-Präsens

Während im Deutschen eine Verbform durch den Zusatz des Wortes „nicht" verneint wird, drückt der Türke eine Verneinung auch in der Suffixbildung aus, und zwar dadurch, daß nach dem Verbstamm ein **m** (entstanden aus **-me** bzw. **-ma**) eingeschoben wird.

Am deutlichsten wird diese Konstruktion, wenn wir den Infinitiv eines Verbs in der Verneinung zugrunde legen.

gelmek kommen	gel**me**mek **nicht** kommen
anlamak verstehen	anla**ma**mak **nicht** verstehen

So kann man die Silbe **-me** bzw. **-ma** in diesem Fall zum Verbstamm gehörend betrachten. Alle Verbformen der Verneinung des **yor**-Präsens sind deshalb so zu bilden, wie es für Verben zutrifft, die eine vokalische Verbstamm-Endung haben.

gel**mi**yor – yaz**mı**yor – gül**mü**yor – konuş**mu**yor
git**mi**yor – pazarlık et**mi**yor

Eine Erweichung des **-t-** tritt bei der Verneinung selbstverständlich **nicht** mehr ein.

1. Fügen Sie in folgende Sätze das in Klammern stehende Substantiv im richtigen Fall ein und übersetzen Sie:

a) Ben .... iniyorum (*tren*) ve ..... biniyorum. (*taksi*)

b) Mehmet ..... okuyor. (*bir kitap*)

c) Mehmet ..... okuyor. (*tren rehberi*)

d) Ben ..... anlamıyorum. (*Turgut*)

e) Biz ..... satın alıyoruz. (*Türkiye haritası*)

2. Hareketimden evvel bir telgraf çekiyorum.
Vor meiner Abfahrt schicke ich ein Telegramm.
Hareketinden evvel bir telgraf çekiyor.
Vor seiner Abfahrt schickt er ein Telegramm.

Setzen Sie nach obigem Beispiel die in der 1. Person Singular stehenden Sätze in die 3. Person Singular und übersetzen Sie:

a) Arkadaşımı anlamıyorum.
b) Ben bavulumu yerleştiriyorum.
c) Dostuma bir mektup yazıyorum.
d) Eşyalarımı unutmuyorum.

3. Deklinieren Sie (in Türkisch):

a) die Türkei
b) der Taxichauffeur
c) die Berge
d) das Buch des Kindes
e) mein Koffer
f) meine Bücher

4. Setzen Sie die folgenden Sätze in die verneinte Form und übersetzen Sie:

a) Trene birçok insan biniyor.
b) Yolcular trende sohbet ediyorlar.
c) Taksi postanenin köşesinde duruyor.
d) Ben Türkiye'yi tanıyorum.
e) Masada bir kitap var.
f) Misafir şapkasını unutuyor.

5. Berichten Sie in Türkisch von Roberts Reise in die Türkei in der 3. Person Singular.

Vokabeln

almak	nehmen, *auch:* kaufen
anababa	Eltern
anababa günü	großes Gedränge, Tohuwabohu
anlamak	verstehen
arasından	zwischen (*hier im Abl.*)
Avusturya	Österreich
beraber	zusammen, gemeinsam
binmek	einsteigen
bir az	ein wenig
buradan	von hier
çağırmak ['tscha:–]	zurufen, herbeirufen
çıkmak	hinausgehen
değil mi?	nicht wahr?
diye	sagend (*wird hier nicht übersetzt*)
dost	Freund, Freundin
durmak	stehenbleiben, anhalten
etmek	machen (*meist als Hilfsverb*)
evvel	vor (*mit Abl.*)
fiat	Preis
geçmek	vorbeigehen, vorbeifahren
geldiğiniz [–di:–]	Ihr Kommen
sizin geldiğinize	über Ihr Kommen
hareket etmek	abfahren
hemen hemen	bald, beinahe, fast
hep	alle
hiç	überhaupt nichts, gar nichts
hoş geldiniz	herzlich willkommen!
içerisinde	in seinem Inneren, im
inmek	aussteigen
iyiyim	es geht mir gut
kalabalık	Gedränge, Menschengewühl
karşılamak	entsprechen; *hier:* abholen

karşılamayı	das Abholen (*im Akk.*)
ki	daß
kimse	(*mit Verneinung*) niemand
kompartman	Abteil
'manzara	Gegend, Aussicht
mi'safir	Gast
nihayet	schließlich, endlich
olmak	werden
öyle	so
pazarlık etmek	um den Preis handeln
pazartesi	Montag
sevinmek	sich freuen
sık sık	immer wieder, öfters
sıkılmak	sich langweilen
sıra	Reihe
sırasında	während
Sirkeci	*Stadtteil Istanbuls*
sohbet	Unterhaltung
sohbet etmek	sich unterhalten
şimdi	jetzt
taksi	Taxi
taksici	Taxifahrer
telgraf çekmek	(ein) Telegramm schicken
teşekkür ederiz	wir danken
unutmak	vergessen
yenge	Schwägerin, *hier als persönliche Anrede*
yolculuk	Reise
Yugoslavya	Jugoslawien
zaman zaman	ab und zu

Erläuterungen und Übungen:

anne	Mutter
baba	Vater
insan	Person, Mensch
köpek	Hund
şapka	Hut
şoför	Chauffeur
tanımak	kennen

6. Lektion

Turgut Ailesine Misafir **6 A**

Misafir: – Sizin eve taksi ne kadar zamanda gidiyor?
Turgut: – Bizim eve taksi yarım saatte gidiyor.
Misafir: – Niçin İstanbul'da trafik bu kadar kalabalıktır?
Turgut: – Burada Almanya'daki gibi öyle uzun yeraltı geçitleri yoktur, onun için.
Misafir: – A, a kırmızıda geçiyor.
Turgut: – İstanbul'da bu ışıklar pek ciddiye alınmıyorlar. Yine de çok az kaza oluyor.
Turgut'un hanımı Verda: – Bakın, çocuklar bizi merakla kapının önünde bekliyorlar.
Turgut: – Şoför efendi, evimize geldik. Lütfen hesabı alınız.
Çocuklar: – Yaşasın! Misafirimiz geliyor. Hoş geldiniz amcacığım. Biz bugün çok seviniyoruz.
Misafir: – Hoş bulduk çocuklar. Ben de çok seviniyorum. İsminiz nedir?
Erkek çocuk: – Benim adım Hüseyin.
Kız çocuk: – Benim adım Lâle.
Turgut: – Bu oda sizin! Buyurunuz.
Misafir: – A, a ne güzel bir oda.
Verda hanım: – İsterseniz biraz odanızda dinlenin.
Misafir: – Teşekkür ederim, yorgun değilim. Ama şöyle salonda oturayım.
Lâle: – Amcacığım, buyurunuz kolonya.
Turgut: – Tren kaç saatte Türkiye'ye geliyor? Niçin uçak ile yolculuk etmiyorsunuz?
Misafir: – Tren iki günde geliyor, ama trenle seyahat bambaşka ve çok enteresandır.
Verda hanım: – Sofraya buyurunuz.
Misafir: – A, a siz yemeği ne kadar çabuk hazırlıyorsunuz. Hem de çok lezzetli. Bunun adı nedir?
Verda hanım: – Onun adı imambayıldı. Afiyet olsun.

Erläuterungen **6 B**

1. Fragen mit Fragewort

a) Im Türkischen müssen wir im Gegensatz zum Deutschen unterscheiden, ob die Frage mit einem **Fragewort** (*wann, wie, warum?...*) verbunden ist, oder ob es eine **Entscheidungsfrage** ist (*Gehst du?...*)

Wir wollen uns zunächst dem ersten Fall zuwenden.
Folgende wichtigen Fragewörter sollte man sich einprägen:

ne	was	**ne kadar** *oder* **kaç**	wieviel
ne zaman	wann	**niçin** *oder* **neden**	warum
nerede	wo	**nasıl**	wie
nereye	wohin	**hangi**	welcher
nereden	woher	**kim**	wer

b) Beispiele: **Nereye** gidiyorsunuz? **Wohin** gehen Sie?
Bu bay **nereden** geliyor? **Woher** kommt dieser Herr?

Ankara uçağı **ne zaman** hareket ediyor?
Wann startet das Flugzeug nach Ankara? (= Ankara Flugzeug)

Das Fragewort steht, wie diese Beispiele zeigen, keinesfalls immer am Satzanfang, sondern bei dem Satzteil, auf den sich die Frage bezieht.

c) Yemeğin adı ne**dir**? **Was ist** der Name des Essens? (= Wie heißt das Essen?)
Saat kaç(**tır**)? **Wieviel** Uhr **ist es**?
Hava nasıl(**dır**)? **Wie ist** das Wetter?

An das Fragewort kann das Suffix **-dir** direkt angefügt werden; in der Umgangssprache wird **-dir** auch gern weggelassen.

2. Die Deklination der Personalpronomen

ben	ich	sen	du	o	er, sie, es
ben**im**	mein	sen**in**	dein	on**un**	sein, ihr
ba**na**	mir, zu mir	sa**na**	dir, zu dir	on**a**	ihm, zu ihm, (zu) ihr
ben**i**	mich	sen**i**	dich	on**u**	ihn, sie, es
ben**de**	bei mir	sen**de**	bei dir	on**da**	bei ihm, ihr
ben**den**	von mir	sen**den**	von dir	on**dan**	von ihm, ihr
biz	wir	siz	ihr, Sie	onlar	sie
biz**im**	unser	siz**in**	euer, Ihr	onlar**ın**	ihr
biz**e**	uns, zu uns	siz**e**	euch, zu euch, (zu) Ihnen	onlar**a**	ihnen, zu ihnen
biz**i**	uns	siz**i**	euch, Sie	onlar**ı**	sie
biz**de**	bei uns	siz**de**	bei euch, Ihnen	onlar**da**	bei ihnen
biz**den**	von uns	siz**den**	von euch, Ihnen	onlar**dan**	von ihnen

a) **Biz** buraya oturuyor**uz**. **Wir** setzen uns hierhin.

Wie wir aus Lektion 4 wissen, dient der Nominativ des Personalpronomens zur Hervorhebung der Person, die an sich in der Personalendung des Verbs bereits zum Ausdruck gebracht wird. Die Personalpronomen werden vor allem auch in kurzen Sätzen in diesem Sinne verwendet. Natürlich kann der Nominativ auch für ein isoliert stehendes „ich“ usw. zum Beispiel als Antwort auf eine Frage verwendet werden.

b) **benim** araba(**m**) **mein** Auto
bizim bahçe(**miz**) **unser** Garten

Der Genitiv des Personalpronomens dient auch zur **Verstärkung**, aber nicht des Genitivs, sondern **der Possessivform**; er erfüllt also gewissermaßen Possessivfunktion, und das um so mehr, als in der Umgangssprache oft sogar die Possessivendung weggelassen wird.

c) Bu oda siz**in(dir)**. Dieses Zimmer **gehört Ihnen**, das **ist Ihr** Zimmer.

Der Genitiv des Personalpronomens kann auch den Besitz einer Person zum Ausdruck bringen; auch hier kann **-dir** wegfallen.

3. Die Wortstellung im Satz

Turgut misafirine balkonlu bir oda gösteriyor.
Subjekt Dativobjekt Akk.-Objekt Prädikat

Turgut zeigt seinem Gast ein Zimmer mit Balkon.
Subjekt Prädikat Dativobjekt Akkusativobjekt

Ein wesentlicher Unterschied in der Wortstellung beider Sprachen ist der, daß im Türkischen das Prädikat am Schluß des Satzes steht.

Die Stellung der anderen Satzglieder entspricht dem Deutschen; durch Voranstellung eines Satzteiles wird dieser betont.

4. Die Possessivsuffixe (*Schluß*)

Misafirin oda**sı**	*Gästezimmer*
bahçenin ağaçlar**ı**	*die Bäume des Gartens*
Türkiye Cumhuriyet**i**	*die Türkische Republik*

Die Possessivendung der 3. Person ist uns hinreichend bekannt. Die Possessivendung der 1. Person Singular haben wir in Lektion 5 kennengelernt.

Die Possessivendungen der übrigen Personen unterliegen ebenfalls der großen Vokalharmonie.

2. Pers. Sg.	evi**n**, atı**n**, gözü**n**, bavulu**n**	**dein**	Haus, Pferd, Auge, Koffer
1. Pers. Pl.	evi**miz**, atı**mız**, gözü**müz**, bavulu**muz**	**unser**	
2. Pers. Pl.	evi**niz**, atı**nız**, gözü**nüz**, bavulu**nuz**	**euer, Ihr**	

Übungen **6 C**

1. Setzen Sie das richtige Fragewort ein und beantworten Sie die Fragen:

a) Turgut misafiri ile istasyondan ..... gidiyor?

b) Taksi ile ..... zamanda gidiyorlar?

c) Turgut'un çocuklarının adları .....?

d) Robert ..... uçak ile yolculuk etmiyor?

e) Almanya'dan tren ..... günde geliyor?

f) Misafir imambayıldıyı ..... buluyor?

g) Yemekleri ..... sofraya getiriyor?

2. Übersetzen Sie und stellen Sie zu den Sätzen je zwei Fragen (Fragewörter in Klammern):

a) Robert schreibt einen Brief in die Türkei. (*kim*, *nereye*)
b) Die Reise in die Türkei ist sehr lang; deshalb bestellt er einen Liegewagenplatz. (*niçin*, *ne*)
c) Die Meere der Türkei sind ziemlich sauber. (*hangi*, *nasıl*)
d) Er erhält bei der bulgarischen Botschaft ein Durchreisevisum. (*nereden*, *ne*)
e) Die Kinder erwarten den Gast im Haus mit Freude. (*kim*, *nasıl*)
f) Frau Verda bringt die Speisen aus der Küche in das Eßzimmer. (*nereden*, *nereye*)

3. Mehmet bana kitabını veriyor. *Mehmet gibt mir sein Buch.*
Ben Mehmet'e kitabımı veriyorum. *Ich gebe Mehmet mein Buch.*

O çocukları selâmlıyor. *Er begrüßt die Kinder.*
Çocuklar onu selâmlıyorlar. *Die Kinder begrüßen ihn.*

Verändern Sie wie bei diesen Beispielen die Sätze durch Umkehrung der Handlungen:

a) Biz size broşürleri gösteriyoruz.
b) Onlar beni karşılamayı unutmuyorlar.
c) Siz bize odanızı gösteriyorsunuz.
d) Ben Türk arkadaşıma memleketimden anlatıyorum.
e) Komşum bana arabasını satıyor.

4. Deklinieren Sie:

amcam, elim, bavulun, arkadaşımız, odanız, Turgut'un çocukları.

5. Übersetzen Sie:

a) Wann nähern wir uns den österreichischen Bergen?
b) Wie ist das Wasser des Van-Sees?
c) Wie heißt der höchste Berg in Ostanatolien?
d) Wieviel türkische Arbeiter gibt es in der Bundesrepublik Deutschland?
e) Hüseyin und Lâle begrüßen den Gast; sie küssen seine Hand.
f) Lâle bringt Kölnisch Wasser; sie reicht es mir.
g) In der Türkei gibt es İmambayıldı; bei uns gibt es dies nicht.

6. Bilden Sie Fragesätze unter Verwendung folgender neu zu lernender Verben:

kalmak	*bleiben*	sormak	*fragen*	bildirmek	*mitteilen*
çıkmak	*hinausgehen*	gülmek	*lachen*	dönmek	*zurückkehren*
bırakmak	*lassen*	açmak	*öffnen*		

Vokabeln

afiyet olsun	guten Appetit!
aile [a:–]	Familie
amca	Onkel
amcacığım	mein lieber Onkel
bakmak	schauen
bakın	schauen Sie, schaut (*Imp.*)
bambaşka	ganz anders
buyurmak	anordnen, bitten
buyurunuz	bitte sehr! (*Imp.*)
'ciddiye almak	ernst nehmen
çabuk	schnell
çay	Tee
dinlenmek	sich ausruhen
dinlenin	ruhen Sie sich aus! (*Imp.*)
efendi	Herr
erkek	Mann; männlich
geçit	Durchgangsstelle
yeraltı geçidi	Unterführung
hazırlamak	vorbereiten
hem de	aber auch
hesap	Rechnung
hesap almak	kassieren
hesabı alınız	machen Sie die Rechnung! (*Imp.*)

hoş bulduk	*Antwort auf den Willkommens-gruß*
Hüseyin	*männlicher Vorname*
ı'şık	Licht, Licht der Ampel
imambayıldı	*Auberginengericht*
isim	Name
isminiz nedir?	wie heißt ihr?, wie heißen Sie?
isterseniz	wenn Sie wollen
kapı	Tür
kapının önünde	vor der Tür
kaza	Unfall
kırmızı	rot
kız	Mädchen; weiblich
kolonya	Kölnisch Wasser
Lâle [l ince]	*weiblicher Vorname*
lezzetli	wohlschmeckend
lütfen	bitte (sehr)
merak	Neugier, Spannung
merakla *aus:* **merak ile***	mit Spannung
ne kadar	wieviel
niçin	warum
oturmak	sich setzen; *auch:* wohnen
oturayım	ich möchte mich setzen
pek	sehr
salon	Salon, Wohn-zimmer
sofra	Essen; *auch:* gedeckter Eßtisch
şöyle	so; *hier:* dafür, statt dessen
trenle, *aus:* **tren ile***	mit dem Zug
Verda	*weiblicher Vorname*
yarım	halb
yaşasın!	*Ausdruck der Freude, z.B.* hurra!
yemek	Essen
yeraltı	unterirdisch
yine	wiederum; *hier:* dennoch

Erläuterungen und Übungen:

açmak	öffnen
ağaç [a:–]	Baum
araba	Wagen, Auto
at	Pferd
balkon	Balkon
bırakmak	lassen, sein lassen
bildirmek	mitteilen
bulmak	finden
getirmek	herbringen
göstermek	zeigen
kalmak	bleiben
kardeş	Bruder
satmak	verkaufen

* *Näheres dazu Lekt. 14*

7. Lektion

İstanbul'da İlk Gün

7 A

Sabahleyin erkenden satıcı sesleri beni uyandırıyor:
– Börekçi! Taze! – Yoğurtçu! Taze yoğurt alın!
Yataktan kalkıyorum, pencereden bakıyorum. Güneş pırıl pırıl, gök yüzü masmavi.
Lâle: – Amcacığım, kahvaltıya çay mı yoksa süt mü istiyorsunuz?
Misafir: – Kahveniz var mı? Varsa, lütfen kahve.
Turgut: – Verda, kahvaltıya gelmiyor musun?
Robert bey, konuşulanları anlıyor musunuz?
Misafir: – Çok az anlıyorum. Lütfen ağır ağır konuşunuz.
Turgut: – Robert Bey, kahvaltıdan sonra gezmeye gitmek istiyor musunuz?

Misafir: – Çok iyi olmaz mı, Turgut bey?
Turgut: – Hüseyin, hazır ol! Beraber gezmeye gidiyoruz.
Misafir: – Şimdilik Allaha ısmarladık, Verda hanım.
Verda hanım: – Güle, güle. İyi eğlenceler. Turgut! Yemeğe geç kalmayın!
Misafir: – Biz şimdi Galata Köprüsü'nden mi geçiyoruz?
Hüseyin: – Evet, çok kalabalık değil mi?
Turgut: – Şu meşhur camileri görüyor musunuz? Bu Ayasofya. Şu Sultanahmet, o da Yeni Cami'dir.
Misafir: – Sultanahmet Camisi'nin altı minaresi mi var?
Turgut: – Evet, öyle.
Misafir: – Bu kalabalıkta ne satıyorlar bu çocuklar?
Hüseyin: – Su, simit, sigara ...
Misafir: – Bunlar da ne satıyorlar o kayıkta?
Hüseyin: – Kızarmış balık. Tatmak istiyor musunuz?
Misafir: – Teşekkür ederim, hayır.
Şu kayıklar kiralık mı? O kayıklarla nerelere gidilir?
Hüseyin: – Baba, bir kayık kiralayalım, bugün Eyüp'e gidelim!
Turgut: – Robert Bey, istiyor musunuz bir kayık kiralayalım, Eyüp'te güzel bit gün geçirelim?
Misafir: – Siz nasıl isterseniz, öyle olsun!

Erläuterungen **7 B**

1. Fragen ohne Fragewort (bejaht)

a) **Nereden** geliyorsunuz? **Woher** kommen Sie?

aber:

Almanya'dan geliyor **musunuz**? **Kommen Sie** aus Deutschland?

oder: Almanya'dan **mı** geliyorsunuz? Kommen Sie aus **Deutschland** (und nicht etwa aus Österreich)?

Sultanahmet Camisi'nde kaç minare var? **Wie viele** Minaretts hat die Sultan-Ahmet-Moschee?

Sultanahmet Camisi'nin altı tane minaresi **mi** var? **Hat** die Sultan-Ahmet-Moschee (tatsächlich) sechs Minaretts?

Während bei der Verwendung eines Frageworts im Türkischen die grammatikalische Form des Verbs unbeeinflußt bleibt, wird bei **Entscheidungsfragen** die Fragepartikel **mi**, getrennt von der Verbform, hinzugefügt. Im Deutschen wird durch eine Wortumstellung die Frageform erreicht. Vergleichen wir:

O gidiyor.	Er geht.
Nereye gidiyor?	**Wohin** geht er?
O gidiyor **mu**?	**Geht** er?

Allerdings muß beachtet werden, daß die Fragepartikel nicht zwingend nach der Verbform steht, sondern daß entscheidend ist, wonach gezielt gefragt wird. Das kann irgendein Satzteil sein. Die Fragepartikel **mi** drückt die Frageform der 3. Pers. Singular aus und unterliegt der großen Vokalharmonie.

b) İstanbul büyük bir şehirdir. Istanbul ist eine große Stadt.
İstanbul büyük bir şehir **midir**? **Ist** Istanbul eine große Stadt?
Burası yemek salonu **mudur**? **Ist** hier das Eßzimmer?
Eyüp bu tarafta **mıdır**? **Ist** Eyüp auf dieser Seite?

In der Frageform wird das Suffix **-dir** an die Fragepartikel angehängt.

c) Gezmeye gidiyor **muyuz**? **Gehen** wir spazieren?
Süleymaniye Camisi'ni görüyor **musunuz**? **Sehen** Sie die Süleymanye-Moschee?
Çocuklar Almanca anlıyorlar **mı**? **Verstehen** die Kinder Deutsch?

Die Frageformen des **yor**-Präsens lauten:

(ben)	biliyor **muyum**?	(biz)	biliyor **muyuz**?
(sen)	biliyor **musun**?	(siz)	biliyor **musunuz**?
(o)	biliyor **mu**?	(onlar)	biliyorlar **mı**?

2. Fragen ohne Fragewort (verneint)

Güzel manzara gör**mü**yor **musun**? **Siehst du nicht** die schöne Landschaft?
Beni hiç anla**mı**yor **musunuz**? **Verstehen Sie** mich gar **nicht**?

Bei der verneinten Frage ohne Fragewort ergibt sich kein neues Problem, da die Verneinung in die Verbform eingeht. Eine häufige Verstärkung der Verneinung, auch in Aussagesätzen, geschieht durch **hiç** = *überhaupt nichts.* Die Verwendung von **hiç** bedeutet also keine doppelte Verneinung.

3. Der Imperativ

Al taze gevrek! **Kauf** frisches knuspriges Gebäck!
Yoğurt **alın**! *oder:* Yoğurt **alınız**! **Kaufen Sie** Joghurt!
Sen çok **konuşma**! **Sprich** nicht viel!

Der Imperativ der 2. Pers. Singular ist im Türkischen leicht zu bilden. Er stellt bei der Bejahung den bloßen Stamm des Verbs dar; bei der Verneinung wird er ergänzt durch die Silbe **-ma** bzw. **-me**.

In der 2. Pers. Plural, und damit in der Höflichkeitsform, wird das Possessivsuffix dieser Person angefügt. Die verkürzte Form drückt stärker einen Ausruf als eine höfliche Aufforderung aus.

söyle!	söyleyiniz *oder* söyleyin!
gelme!	gelmeyiniz *oder* gelmeyin!

Endet der Stamm eines Verbs auf einen **Vokal**, so wird in der 2. Pers. Plural ein **y** eingefügt. Das trifft auch bei jeder Verneinung zu.

Weitere Formen des Imperativs s. Lektion 19.

Übungen **7 C**

1. Satıcı misafiri uyandırıyor. *Der Händler weckt den Gast.*
Satıcı misafiri ne zaman uyandırıyor? *Wann weckt der Händler den Gast?*

Satıcı misafiri uyandırıyor mu? *Weckt der Händler den Gast?*

Formen Sie nach diesem Beispiel die folgenden Aussagesätze in je einen Fragesatz mit und ohne Fragewort um (das Fragewort steht in Klammern). Antworten Sie auch auf diese Fragen.

a) Lâle pencereden bakıyor. (*nereye*)
b) Siz kahve istiyorsunuz. (*ne zaman*)
c) Biz köprüye geliyoruz. (*nasıl*)
d) Hüseyin Galata Kulesi'ni gösteriyor. (*ne tarafta*)

2. Analysieren Sie die Verbformen und übersetzen Sie:

a) Hediyeleri nereye yerleştiriyorsunuz?
b) Lokantada şapkanı unutma!
c) Misafirin geldiğine seviniyor musunuz?
d) Lütfen, saat 7 de beni uyandırınız!
e) Bu eski halıyı satmıyor musunuz?
f) Buyurunuz, oturunuz!
g) Almanca öğreniyor musun?
h) İstasyonda sizi kim karşılıyor?
i) Otobüs burada durmuyor mu?

3. Übersetzen Sie die Fragen und beantworten Sie diese auf Türkisch.

a) Warum läßt Robert im Zug einen Liegewagenplatz reservieren?
b) Rauchen Sie heute nicht?
c) Wünscht der Gast etwas auszuruhen?
d) Wann fährst du zum Urlaub nach Österreich? (*gezmeye gitmek*)
e) Verstehen Sie mich jetzt?
f) Wo warte ich auf dich?

4. Hüseyin bize tercümanlık yapıyor. *Hüseyin übersetzt uns.*
Kim bize tercümanlık yapıyor? *Wer übersetzt uns?*
Hüseyin, lütfen sen bize tercümanlık yap! *Hüseyin, übersetze du uns bitte!*

Bilden Sie nach obigem Beispiel Fragen oder Aufforderungen (Imperative) zu folgenden Sätzen:

a) Eyüp'e doğru gitmek istiyoruz.
b) Hüseyin kayıkçıya bağırıyor.
c) Siz seyahat için bavulu hazırlıyorsunuz.
d) Türk arkadaşım beni karşılamayı unutmuyor.

5. Stellen Sie Fragen zu den Lektionen 5 und 6.

6. Bilden Sie Fragesätze unter Verwendung folgender neu zu lernender wichtiger Verben:

bulmak	*finden*	girmek	*eintreten*
bakmak	*schauen*	vermek	*geben*
demek	*sagen*	yağmur yağmak	*regnen*
düşünmek	*denken*	susmak	*schweigen*

Vokabeln

ağır	schwer, gewichtig
ağır ağır konuşmak	deutlich u. langsam sprechen
Allaha ısmarladık	auf Wiedersehen!
Ayasofya	Hagia Sophia (*in Istanbul*)
börek	Blätterteigpastete
börekçi	Pastetenverkäufer
eğlence [e:–]	Vergnügen
erken	früh(zeitig)
evet	ja
Eyüp	*Stadtteil Istanbuls am Goldenen Horn* (Haliç)
Galata Köprüsü	Galata-Brücke
geç kalmak	sich verspäten
geçirmek	vorbeigehen lassen, verbringen

geçirelim	laßt uns verbringen
gidelim	laßt uns fahren
gidilir	man fährt
gök	Himmel
gök yüzü	Himmel(szelt)
güle güle	*Antwort des Zurückbleibenden beim Verabschieden*
hayır	nein
'kahvaltı	Frühstück
kahve	Kaffee
kalkmak	aufstehen; *auch:* abfahren
kayık	Ruderboot
kayıklarla	mit den Ruderbooten
kızarmış	gebraten, Brat-
kiralamak	mieten, vermieten
kiralayalım	laßt uns mieten, wir wollen mieten
kiralik	zu vermieten
konuşulan	das, wovon die Rede ist
mavi	blau
masmavi	himmelblau
meşhur	berühmt
minare	Minarett
o da	das da
olmaz mı?	*etwa*: das wäre nicht schlecht (*bestätigende Antwort*)
olsun	es möge sein
pencere	Fenster
pırıl pırıl	strahlend
sabah	Morgen
sabahleyin	am Morgen, morgens
satıcı	Verkäufer, Händler
ses	Stimme
sigara	Zigarette
sigara içmek	Zigaretten rauchen
simit	*ringförmiges Gebäck mit Sesam*
Sultanahmet Cami	Blaue Moschee (*in Istanbul*)
süt	Milch
şimdilik	für jetzt, einstweilen
şu	der da (*weiter weg als bei* bu)
tatmak	schmecken, probieren
taze	frisch
uyandırmak	wecken, aufstehen
varsa	wenn es gibt
yatak	Bett
Yeni Cami	Neue Moschee (*in Istanbul*)
yoğurtçu	Joghurthändler
yoksa	oder, andernfalls

Erläuterungen und Übungen:

burası, burada	hier
demek	sagen
düşünmek	denken
gevrek	knusprig(es Gebäck)
girmek	eintreten
halı	Teppich
kule	Turm
misafirin geldiği	die Ankunft des Gastes
söylemek	sagen, reden
susmak	schweigen
taraf	Seite
tercümanlık yapmak	dolmetschen, übersetzen
vermek	geben
yağmur yağmak [ja:–]	regnen

8. Lektion

Lokantada **8 A**

Türkler akşam sofralarında çok çeşitli yemek bulundururlar. Bu çeşitli yemekleri yemek için uzun zaman ayırırlar. İstanbul'da, Boğaziçi'ndeki lokantalar akşam yemeği için oldukça elverişlidirler. Sıcak yaz günlerinde bu lokantalar yerli ve yabancı turistlerle dolup taşarlar. Müşteriler yemek yerlerken sık sık şarkıcılar da şarkı söylerler. Şarkıcılar şarkı söylerlerken isterlerse müşteriler de dans ederler. Bu hava içerisinde müşteriler saatlerce eğlenirler. Yemek listesinden yeni yeni yiyecekler ve içecekler ısmarlarlar.

Türkiye'de lokantaya gittiğiniz zaman garson size hemen bir yer gösterir. Biraz sonra bir şişe su ve bir sele ekmekle masanıza gelir. "Buyurunuz beyefendi ne istersiniz?" diye sorar. Turistler için ayrıca ilginç yemeklerin isimlerini de sayar. Örneğin: Döner kebap, şiş kebap, kadınbudu ...

İyi bir akşam yemeğinde rakı, et, sebze, salata ve meyva bir arada bulunurlar. Türkler rakı içerken rakıyı su ile karıştırırlar. Rakı ile su karışırken rakı beyaz bir renk alır. Bu rakı "aslan sütü" olarak adlandırılır. Yemek yerken ve içki içerken sık sık sigara içenler görülür.

Yemekten sonra hesap ödemek için garson çağırılır. Genellikle masadakilerden biri hesabın hepsini öder. Şayet hesap ayrı ayrı ödenirse garson "Alman usulü" şakasını yapar.

Erläuterungen **8 B**

1. Das r-Präsens (Bejahung, Frage)

a) Wie in Lektion 4 gesagt wurde, gibt es außer dem **yor**-Präsens noch eine Präsensform, die ein gewohnheitsmäßiges oder objektiv gültiges Geschehen zum Ausdruck bringen soll. Sie wird nach dem Endkonsonanten dieser Zeitform in der 3. Pers. Singular das **r-Präsens** genannt.

b) Türkler akşam sofralarında çok çeşitli yemek bulundu**rurlar**.
Die Türken halten zu ihrem Abendessen sehr verschiedenartige Speisen bereit.

Rakı ile su karışırken rakı beyaz bir renk al**ır**.
Während sich der Raki mit Wasser vermischt, nimmt er eine weiße Farbe an.

Im ersten Satz wird zum Ausdruck gebracht, daß die Türken zum Abendessen gewöhnlich sehr verschiedene Speisen bereithalten. Der zweite Satz besagt, daß die Mischung von Raki und Wasser infolge der durch die Verdünnung ausfallenden ätherischen Öle des Anis eine milchartige Trübung erfährt; das ist ein chemisch-physikalischer, objektiv gültiger Vorgang.

Der Anwendungsbereich des **r**-Präsens ist, wie die Praxis zeigen wird, vielseitig, z.B. im Gebrauch feststehender Umgangsformen:

Teşekkür ederim. *Ich danke (= Danke schön).*
Rica ederim, bir şey değil. *Ich bitte, das macht nichts.*

Bei Aussagen, die die Wirtschaft oder die Geographie betreffen:

İzmir'de her yıl milletlerarası bir fuar kurulur. *In Izmir wird jedes Jahr eine internationale Messe abgehalten.*

c) Die Bildung des **r**-Präsens erfordert als einzige Verbform des Türkischen eine formale Einteilung der Verben in bestimmte Gruppen. Da die Anwendung der kleinen oder großen Vokalharmonie nicht einheitlich ist, kann man beim **r**-Präsens gewissermaßen von einer Art „unregelmäßiger" Verben sprechen.

Wir betrachten zunächst nur die Verbform der 3. Pers. Singular.

Gruppe I: iste**r** söyle**r** ısmarla**r**

Bei Verben, die auf einen **Vokal** enden, wird an den Stamm nur ein **-r** angefügt.

Gruppe II: taş**ar** seç**er** yap**ar**
aber:
ol**ur** gel**ir** gör**ür** al**ır**

Bei Verben mit **einsilbigem** Verbstamm wird im allgemeinen die kleine Vokalharmonie, bei solchen aber, deren Stamm auf ein **-l** oder **-r** endet, die große Vokalharmonie angewandt.

Gruppe III: karıştır**ır** bulundur**ur** getir**ir** adlandır**ır**

Für alle Verben mit **mehrsilbigem** Stamm findet die große Vokalharmonie Anwendung.

Gruppe IV: gül**er** sor**ar** sür**er** yar**ar**

Es gibt bei Verben mit **einsilbigem** Stamm auf **-l** oder **-r** Ausnahmen, die der kleinen Vokalharmonie folgen.

Im Wörterbuch tragen alle Verben mit einsilbigem Stamm und den Endkonsonanten **-l** und **-r** einen diesbezüglichen Hinweis.

d) Die übrigen Personalendungen des **r-Präsens** lauten:

(ben)	gel**irim**	(biz)	gel**iriz**
(sen)	gel**irsin**	(siz)	gel**irsiniz**
(o)	gel**ir**	(onlar)	gel**irler**

Weitere Beispiele:

(ben)	gör**ürüm**	(biz)	konuş**uruz**
(sen)	yap**arsın**	(siz)	başl**arsınız**
(o)	bil**ir**	(onlar)	sohbet ed**erler**

e) Die **verneinte Form** des r-Präsens ist im Gegensatz zum yor-Präsens weit schwieriger zu bilden. Wir klammern diese Form deswegen hier aus und werden sie erst in Lektion 16 kennenlernen.

f) Dagegen ist die **Frageform** für Entscheidungsfragen regelmäßig abzuleiten:

Bir şey ist**er misiniz**? *Wünschen Sie etwas?*
Türkçe konuş**ur musunuz**? *Sprechen Sie Türkisch?*
Nihayet başl**ar mıyız**? *Beginnen wir endlich?*

g) Darüber hinaus kann die Frageform der 2. Pers. Plural eine höfliche Aufforderung ausdrücken, z. B.

Garson, yemek listesini getir**ir misiniz**!
Herr Ober, **würden Sie** bitte die Speisekarte **bringen**!

2. Das Suffix -ken (Verbaladverb)

Yemek yer**ken** ve içki içer**ken** sık sık sigara içenler görülür.
Während des Essens und Trinkens sieht man immer wieder Raucher (= daß geraucht wird).

Mit der Endung **-ken** lernen wir eine erste Form eines Verbaladverbs kennen, d. h. eine Verbform, welche die Person und die Zeit nicht ausweist. Bei einer Übersetzung ins Deutsche erscheint diese Form als **adverbialer Nebensatz.**

Da **-ken** vor allem sehr häufig an die 3. Person des **r**-Präsens angehängt wird, lernen wir diese grammatikalische Form mit dem **r**-Präsens kennen. Inhaltlich handelt es sich um die Ausdrucksform eines gleichzeitigen Geschehens, das wir am besten mit einem mit „*während*" eingeleiteten Nebensatz übersetzen. Die Endung **-ken** unterliegt keiner Vokalharmonie.

Beispiele: Otobüs gider**ken** yanımızda oturanlarla konuşuruz.
Während wir mit dem Omnibus fahren, sprechen wir mit unseren Nachbarn.

Peronda beklerler**ken** yolcular birbirleri ile tanışırlar.
Beim Warten auf dem Bahnsteig lernen die Reisenden einander kennen.

Çocuklar oynarlar**ken** çok şeyi unuturlar.
Während die Kinder spielen, vergessen sie vieles.

Übungen **8 C**

1. Übersetzen Sie die Präsensformen sowohl in das yor-Präsens als auch in das r-Präsens:

a) er spricht
b) fange ich an?
c) lernst du?
d) wir geben
e) wissen Sie?
f) ich höre zu
g) sie schreibt
h) kommen Sie?
i) sie unterhalten sich
j) siehst du?

2. Analysieren Sie die Verbformen aus folgenden Sätzen (der Infinitiv des Verbs steht in Klammern). Übersetzen Sie und prägen Sie sich diese Redewendungen für die Umgangssprache besonders ein.

Özür dilerim. (*dilemek*)
Affedersiniz. (*affetmek*)
Mutluluklar dilerim. (*dilemek*)
Lütfen beni beyle tanıştırır mısınız? (*tanıştırmak*)
Müsaade eder misiniz? (*müsaade etmek*)
Tekrar uğrarım. (*uğramak*)
Rahatsız ediyor muyum? (*rahatsız etmek*)
Lütfen zahmet etmeyiniz. (*zahmet etmek*)
Ne arzu ediyorsunuz? (*arzu etmek*)
Almanca bilir misiniz? (*bilmek*)
Hiç bir şey anlamıyorum. (*anlamak*)
Lütfen şunu tekrarlayınız! (*tekrarlamak*)

3. Ergänzen Sie die folgenden Sätze:

a) Müşteriler yemek yerlerken ...

b) Biz gelirken ...

c) Otobüs dururken ...

d) Pencereden bakarken ...

e) Sabahları kalkarken ...

f) Çocuklar okuldan çıkarlarken ...

4. Übertragen Sie den folgenden Text in das r-Präsens und übersetzen Sie:

Taksi şoförü hergün çok erken kalkıyor. İstasyonda trenden inenleri bekliyor. Bir kaç defa şehrin mahallelerine gidiyor ve yolcuları evlerine götürüyor. Yolda taksi santralı telsizle nereye gideceğini ona emir veriyor. O akşama kadar bir aşağı bir yukarı gidiyor. Taksi şoförü çok hareketli yaşıyor.

Vokabeln

adlandırılmak	genannt werden
ara	Zwischenraum
bir arada bulunmak	nebeneinander gefunden werden
aslan	Löwe
ayırmak	trennen
zaman ayırmak	sich Zeit nehmen
ayrı ayrı	getrennt
ayrıca	gesondert, extra
beyaz	weiß
beyefendi	Herr (*höfl. Anrede*)
Boğaziçi [bo:'a:-]	Bosporus
bulundurmak	bereithalten
dans etmek	tanzen
dolup taşmak	überlaufen, sehr voll werden
eğlenmek	sich vergnügen
ekmek	Brot
elverişli	geeignet, passend
et	Fleisch
garson	Kellner
genellikle	meistens
gittiğiniz zaman	wenn sie gehen
görülmek	gesehen werden
görülür	man sieht
hava	*hier:* Atmosphäre
hemen	sofort
hepsi	alles
ısmarlamak	bestellen
içecek	Getränk
içki	alkohol. Getränk
ilginç	interessant
kadınbudu	*Speise aus Hackfleisch und Reis*
karışmak	sich vermischen
karıştırmak	vermischen
kebap	geröstetes Fleisch
döner kebap	Fleisch vom senkrechten Spieß
şiş kebap	Fleisch vom Spieß
liste	Liste, Karte
lokanta	Restaurant
meyva	Obst
müşteri	Kunde, Gast
olarak	als
ödemek	bezahlen
ödenirse	wenn man bezahlt
örneğin	zum Beispiel
rakı	Anisschnaps
renk	Farbe
saatlerce	stundenlang
salata	Salat
saymak	zählen, aufzählen
sebze	Gemüse
sele	flacher Brotkorb
sigara içen	Raucher
şaka	Spaß
şarkı	Gesang

şarkı söylemek	singen
şarkıcı	Sänger(in)
şayet	wenn
şişe	Flasche
usul [l ince]	Art, Methode
yabancı	Fremder
yemek (yemek)	essen
yerli	Einheimischer
yiyecek	Eßware, Speise

Erläuterungen und Übungen:

'affetmek	entschuldigen
arzu etmek	wünschen, mögen
bir aşağı bir yukarı	hin und her
birbirleri	einander
daima	immer
dilemek	wünschen
emir etmek	Anweisung geben
götürmek	hinbringen
hareketli yaşamak	unruhig leben
inen	einer, der aussteigt
kurulmak	*hier:* stattfinden
mahalle	Stadtteil
milletlerarası	international
mutluluk	Glück
müsaade etmek	erlauben, gestatten
nereye gideceğini	wohin er gehen soll
okul	Schule
oradan	von dort
oturan	der Sitzende
oynamak	spielen
özür dilemek	sich entschuldigen
peron	Bahnsteig
rahatsız etmek	stören
rica etmek	jemanden um etwas bitten
santral	Zentrale
seçmek	wählen
sürmek	steuern (*Auto*)
tanıştırmak	einander vorstellen
tekrarlamak	wiederholen
telsiz	drahtlos, Funk-
uğramak	vorbeikommen
zahmet etmek	sich bemühen

9. Lektion

Postanede

9 A

Bugün ben Almanya'ya mektup ve kartpostal göndermek istiyorum. Bunun için ben şimdi iki mektup ve dört kartpostal yazıyorum. Mektuplar ve kartpostallar için altı tane zarf satın alıyorum. Bu zarfların üzerine mektupların ve kartpostalların gidecekleri adresleri yazıyorum. Mektuplardan birincisini eve ikincisini ise amcama gönderiyorum. Ben Almanya'dan ayrılırken amcam bana "Ben yalnız ve yaşlıyım, sen Türkiye'den mektup yaz!" demişti. O şimdi merakla benim mektubumu bekliyor. Umuyorum, o bu mektubu üç gün sonra alır. Kartpostalları ise arkadaşlarıma gönderiyorum. Onlar muhakkak sabırsızlanıyorlardır.

Postanenin kapısında PTT diye büyük harflerle yazıyor. İçeride sıradan birçok gişe görüyorum. Gişelerin üzerindeki yazıları okuyorum. Gişe 5 (beş): Telgraf-Telefon; Gişe 6 (altı): Telgraf-Telefon yurt dışı; Gişe 7 (yedi): Taahhütlü Mektup; Gişe 8 (sekiz): Danışma; Gişe 9 (dokuz): Pul ve Jeton; Gişe 10 (on): Paket.

Ben gişe dokuzun önünde sıraya giriyorum. Sırada biz beş kişiyiz. Sıra bana çabuk geliyor. Ben memura soruyorum: "Affedersiniz, ben yabancıyım. Mektup ve kartpostal Almanya'ya kaça gidiyorlar?" Memur: "Mektup 20 (yirmi) gr kadar 5 (beş) lira, kartpostal 3,50 (üç buçuk) lira", diye cevap veriyor. "Lütfen, bana 4 tane 3,50 liralık, 2 tane beş liralık postapulu verir misiniz?" Ben memura 50 (elli) lira veriyorum. O bana pullarla beraber 26 (yirmi altı) lira geri veriyor. Ben pulları yapıştırıyorum, posta kutusuna atıyorum. "Allaha ısmarladık" diyerek oradan ayrılıyorum. Şimdi ben büyük bir sevinç içindeyim, çünkü mektuplarımı postaladım.

Erläuterungen **9 B**

1. Das Hilfszeitwort „sein" (Präsens)

Sırada biz 5 kiş**iyiz**. **Wir sind** 5 Personen in der Reihe.
Şimdi ben büyük bir sevinç içinde**yim**. Jetzt **bin ich** in großer Freude.
Yalnız**ım** ve yaşlı**yım**. **Ich bin** allein und alt.

Mit dem Hilfszeitwort „sein" in der 3. Person (Präsens) haben wir die 1. Lektion begonnen.

Wir ergänzen nun in einer Übersicht die Suffixe der übrigen Personen zunächst in Verbindung mit einem Eigenschaftswort:

a)

zengin**im**	aber:	iyi**yim**	Endet das Eigenschaftswort auf einen Vokal, so wird in der 1. Pers. Sg. und Pl. ein **y** eingeschoben.
zengin**sin**			
zengin**dir**			
zengin**iz**		iyi**yiz**	
zengin**siniz**			
zengin**dirler**			

Die Suffixe folgen der großen Vokalharmonie:

ihtiyar**ım**	aber:	hasta**yım**
ihtiyar**ız**		hasta**yız**
büyüğ**üm**	aber:	kötü**yüm**
büyüğ**üz**		kötü**yüz**
yorgun**um**	aber:	kuru**yum**
yorgun**uz**		kuru**yuz**

Verneinung:

zengin değil**im** *ich bin nicht reich*
hasta değil**iz** *wir sind nicht krank*

Die Verneinung ist einheitlich, da dabei stets **değil** das Suffix erhält.

Der Anwendungsbereich des „sein“-Suffixes geht natürlich über die Verbindung mit dem Eigenschaftswort hinaus.

b) Ben öğretmen**im**. Ben kapıcı**yım**. **Ich bin** Lehrer. **Ich bin** Hausmeister.
Ben Hüseyin'in babası**yım**. **Ich bin** Hüseyins Vater.
Ben Alman**ım**, siz Türk**sünüz**. **Ich bin** Deutscher, **Sie sind** Türke.

Das Suffix tritt an ein Substantiv, um u.a. eine Berufs- oder Nationalitätenzugehörigkeit auszudrücken.

Auch für die Genitiv-Possessiv-Konstruktion gilt dasselbe.

In der 1. Pers. Singular entsprechen sich das Suffix für „ich bin“ und die Possessivendung „mein“ formal. Der Sinnzusammenhang im Satz ergibt die richtige Bedeutung.

öğretmen**im** kann sowohl heißen: **ich bin** Lehrer als auch: **mein** Lehrer

Bei vokalischer Endung des Substantivs kommt es zu keiner Verwechslung:

baba**m** **mein** Vater, aber: baba**yım** **ich bin** Vater.

c) nasıl**sınız**? *Wie sind Sie = Wie geht es Ihnen?*
kim**siniz**? *Wer sind Sie?*
nereli**siniz**? *Woher sind Sie?*

Das Suffix kann auch an ein Fragewort treten.

d) postanede**yim** **ich bin** im Postamt
İstanbul'da**yız** **wir sind** in Istanbul

In Verbindung mit dem Lokativ wird das Suffix der 1. Person stets mit einem **y** verbunden.

e) Siz hasta **mısınız**? **Sind Sie** krank?
Ben otobüs durağında **mıyım**? **Bin ich** an der Omnibushaltestelle?
Siz müdür **müsünüz**? **Sind Sie** Direktor?
Siz arkadaşımız değil **misiniz**? **Sind Sie** nicht unser Freund?

Bei der Frage wird das Suffix an die Fragepartikel **mi** angefügt. Bei den Entscheidungsfragen der Vollverben sind uns diese Fragepartikel bereits begegnet.

2. Die Zahlen

a) Kardinalzahlen

1	bir	**11**	on bir	**80**	seksen
2	iki	**12**	on iki	**90**	doksan
3	üç		.	**100**	yüz
4	dört		.		.
5	beş	**20**	yirmi		.
6	altı	**30**	otuz		.
7	yedi	**40**	kırk	**200**	iki yüz
8	sekiz	**50**	elli	**1000**	bin
9	dokuz	**60**	altmış	**1.000.000**	bir milyon
10	on	**70**	yetmiş	**1.000.000.000**	bir milyar

25 yirmi beş; **47** kırk yedi; **382** üç yüz seksen iki; **1979** bin dokuz yüz yetmiş dokuz

Im Türkischen werden die Einer, Zehner, Hunderter usw. wie im Englischen aneinandergereiht.

b) Die Ordinalzahlen werden durch Anfügen von **-inci**, **-ıncı**, **-üncü** und **-uncu** gebildet.

Beachten Sie: dört, aber: dör**d**üncü.

Bugünün tarihi 24 (yirmi dört) ekimdir.
Das heutige Datum ist der 24. Oktober.

Bei **Datumsangaben** wird im Gegensatz zum Deutschen **nicht** die Ordinalzahl verwendet.

c) Brüche und Prozente

1/3 üçte bir **7/9** dokuzda yedi

Brüche werden so gebildet, daß zum **Nenner im Lokativ** der **Zähler als Kardinalzahl** gesetzt wird.

Besonders zu merken sind:

½ kilo – yarım kilo *ein halbes Kilo*
2½ Lira – iki buçuk Türk Lirası (TL)

Folgerichtig ergibt sich aus dem Bruch 1/100 die **Prozentangabe:**

1/100 = 1% yüzde bir

1. Ben küçü**ğüm**, büyük **değilim. Ich bin** klein, **ich bin nicht** groß.
Biz evde**yiz**, bahçede **değiliz. Wir sind** zu Hause, **wir sind nicht** im Garten.
O arkadaş**ımdır**, kardeş**im değildir. Er ist** mein Freund, **er ist nicht** mein Bruder.

Stellen Sie in gleicher Weise die bejahende und verneinende Aussage nebeneinander:

a) kitap – beyaz – siyah
b) ben – iyi – fena
c) siz – yerli – yabancı
d) sen – Türk – Alman
e) çocuklar – okulda – evde
f) ben – taksi şoförü – taksi sahibi
g) Avustralya – uzak – yakın

2. Amcanız nerede? Amcam Almanya'dadır. *Wo ist Ihr Onkel? Mein Onkel ist in Deutschland.*
Neyiz? Biz yolcuyuz. *Was sind wir? Wir sind Reisende.*
Kimsiniz? Ben Ahmet'im. *Wer sind Sie? Ich bin Ahmet.*

Beantworten Sie in Anlehnung an die Beispielsätze folgende Fragen (in der Klammer steht ein Hinweis für eine mögliche Antwort):

a) Ne zaman evdesiniz? (*yarın*)
b) İstanbul'da nasılsınız? (*iyi*)
c) Arkadaşınız şimdi neredadir? (*Avusturya*)
d) Bu yol doğru mu? (*hayır . . .*)
e) Haklı mıyız? (*haksız*)
f) Kardeşinizin ailesi Türkiye'de midir? (*Almanya*)

3. Analysieren Sie folgende Formen und übersetzen Sie:

işçiyim, komşumuzdur, kayıkçı mıdır?, Turgut'um, ilk bahardayız, annem, anneyim, Lâle'nin annesi, Mehmet'in arkadaşıyım

4. Nennen Sie zu den folgenden Zahlen auf türkisch jeweils die nächstniedere und nächsthöhere Zahl:

861 , 73 , 19 , 141 , 34 , 287

5. Lesen Sie türkisch:

2½ % , 29 %   3/7 , 2/5 , 7/11

6. **Toplama** *Addition*

6 + 3 = 9 altı **artı** üç **eşit** dokuz

Çıkarma *Subtraktion*

6 — 3 = 3 altı **eksi** üç **eşit** üç

Çarpma *Multiplikation*

6 • 3 = 18 altı **çarpı** üç **eşit** on sekiz

Bölme *Division*

6 : 3 = 2 altı **bölü** üç **eşit** iki

Führen Sie an selbstgewählten Beispielen die vier Rechenverfahren durch!

Vokabeln

atmak	werfen
ayrılmak	sich trennen
danışma	Auskunft
demişti	er hatte gesagt
dış	das Äußere
yurt dışı	Ausland
diyerek	sagend, indem ich sagte
geri	zurück
gidecekler	*hier:* die Empfänger
gişe	Schalter
göndermek	schicken
harf	Buchstabe
iç	das Innere
içeride	im Inneren
jeton	Telefonmünze
kartpostal	Postkarte
kişi	Person
lira: TL = Türk Lirası	Türkisches Pfund
liralık	für soundsoviel TL
memur	Beamter
muhakkak	sicher, bestimmt
paket	Paket
postalamak	mit der Post versenden
postaladım	ich habe (*meine Briefe*) aufgegeben
postane	Postamt
PTT = Posta-Telgraf-Telefon	Post-Telegraphie-Telefon
sabırsızlanmak	ungeduldig werden
sevinç	Freude
taahhütlü [ta:a–; *erstes* h *kaum wahrnehmbar*]	Einschreiben
ummak	hoffen
yapıştırmak	aufkleben
yaşlı	alt, bejahrt
yazı	Schrift
yurt	Land, Heimat
zarfların üzerine	auf die Umschläge

Erläuterungen und Übungen:

artı	plus (*Math.*)
Avustralya	Australien
bölü	geteilt durch (*Math.*)
çarpı	mal (*Math.*)
durak	Haltestelle
eksi	minus (*Math.*)
eşit	ist gleich (*Math.*)
fena	schlecht
haklı	im Recht sein
haksız	im Unrecht sein
hasta	krank
ihtiyar	alt, betagt
ilk bahar	Frühling
kötü	schlecht, miserabel
kuru	trocken
müdür	Direktor
otobüs	Omnibus
uzak	weit, entfernt
yakın	nahe, nahe gelegen
zengin	reich

10. Lektion

Adalarda Bir Gün **10 A**

Geçen pazar erken kalktık. Turgutlarla beraber adalara gezmeye gitmek istiyorduk. Hava çok güzel idi. Verda hanım kırda yiyeceğimiz yemekleri hazırladı. Biz ise yüzmek için gerekli olan şeyleri çantaya yerleştirdik. Vakit geçirmeden Karaköy iskelesinin yolunu tuttuk, çünkü vapur adalara Karaköy iskelesinden kalkıyordu.

Biz bu iskeleden kalkan vapurlardan biri ile köprüden adalara doğru hareket ettik. Vapur çok kalabalık idi. Bir çok aile çoluğuyla, çocuğuyla adalara gidiyorlardı. Biz de vapurun güvertesinde bir yere oturduk.

Güverteden İstanbul ve deniz çok güzel görünüyordu, denizden esen rüzgâr da çok hoştu. Vapur Büyükada'ya kadar üç adada durdu. Bu adalarda çok az yolcu indiler. Yolcuların çoğu Büyükada'da iniyorlardı, biz de onlarla beraber orada indik.

Alışılmamış bir hal: Ortalık çok sessizdi. Tek duyulan şey insan ve hayvan sesleri idi. Bu adada hiç motorlu taşıt yoktu. Yükler ve eşyalar at ve eşeklerle taşınıyorlardı. Bizde iskeleden plaja kadar bir paytonla gittik. Deniz oldukça tuzluydu, fakat sıcak ve çok temizdi. Biz akşama kadar denizde eğlendik, fakat denize doymadık. Hava kararmadan eve dönmedik.

Erläuterungen **10 B**

1. Die -di Vergangenheit des Hilfszeitworts „sein"

a) Deniz tuzluy**du** ve temiz**di.**
Das Meer **war** salzig und sauber.

Das Hilfszeitwort „sein" ist uns in der Zeitform des Präsens bekannt geworden (s. Lektion 9).

Im Präsens ist es allerdings kein eigenständiges Wort, sondern stets Suffix. Anders in der Vergangenheit, dort heißt: **ich war** müde yorgun **idim.**

Die Übersicht zeigt die Formen der verschiedenen Personen:

hasta **idim**	**ich war** krank	yolcu **idik**	**wir waren** Reisende
tembel **idin**	**du warst** faul	müdür **idiniz**	**Sie waren** Direktor
tuzlu **idi**	**es war** salzig	hafif **idiler**	**sie waren** leicht

b) Die Verbform kann aber auch verkürzt zum Suffix werden, unter Beachtung der Vokalharmonie und der Erhärtung. Zwischen Suffix und Vokal steht ein **y**.

hasta**ydım**	yolcu**yduk**
tembel**din**	müdür**dünüz**
tuzlu**ydu**	hafif**tiler**

c) Daraus folgt die Verneinung und die Frage:

Hasta **değil idi (değildi). Er war nicht** krank.
Hasta **mıydı? War er** krank?
Müdür **müydünüz? Waren Sie** Direktor?

2. Die -di Vergangenheit der Verben

Im Türkischen ist eine Unterscheidung der Vergangenheitsformen nicht wie im Deutschen nach Imperfekt, Perfekt und Plusquamperfekt möglich, sondern hier sind für die Anwendung einer entsprechenden Vergangenheitsform verschiedene Gründe maßgebend, z.B. ob die Handlung abgeschlossen ist oder noch andauert, ob die Handlung gerade ablief, ob die Aussage über die Handlung unsicher ist usw.

Die **bestimmte Vergangenheit** (Gegensatz: unsichere Aussage über die Vergangenheit) wird mit dem Hilfszeitwort „sein" gebildet, das in der Regel als verkürztes Suffix angefügt wird.

a) kalk**tık** doy**madık** dur**du**

Die **-di** Vergangenheit erhält man dadurch, daß man an den reinen Verbstamm das Suffix anhängt. Das trifft für die Bejahung und auch für die **Verneinung** zu.

Weitere Beispiele und Übersicht:

gel**dim**	gel**medim**	kalk**tık**	kalk**madık**
git**tin**	git**medin**	gör**dünüz**	gör**mediniz**
dur**du**	dur**madı**	al**dılar**	al**madılar**

Wann wird diese Vergangenheitsform nun angewandt und wie ist sie zu übersetzen?

Wenn eine Handlung abgeschlossen ist:

Ben kapıyı aç**tım**. **Ich habe** die Tür **geöffnet.**
(*die Tür ist noch geöffnet*)

als Perfekt.

Wenn über eine abgeschlossene Handlung berichtet oder erzählt wird:

Biz bütün gün sohbet et**tik**. **Wir unterhielten uns** den ganzen Tag lang.

als Imperfekt.

b) Das Suffix **-di** kann aber auch an andere Zeitformen angefügt werden; es setzt damit diese Zeitform eines Verbs in die **bestimmte** Vergangenheit.

Bir çok aile adalara gid**iyorlardı**. Viele Familien **fuhren (gerade)** auf die Inseln.

Deniz görün**üyordu**. Das Meer **wurde (gerade) sichtbar.**

Wie diese beiden Beispiele zeigen, wird das Suffix hier an die reine **yor**-Präsensform angefügt. Auch bei der Verneinung trifft das zu. Die Übersetzung ist entsprechend dem yor-Präsens:

siz gör**müyordunuz** *Sie sahen gerade nicht*

c) Eski zamanlarda Türkler kavuk giy**erdiler**. *In früheren Zeiten trugen die Türken einen Turban.*

Auch vom **r**-Präsens kann die bestimmte Vergangenheit gebildet werden, wobei diese Zeitform vor allem eine gewohnheitsmäßige, in der Vergangenheit vollzogene Handlung oder ein Geschehen (z.B. auch historisch gesehen) ausdrücken soll. Die Verneinung ist uns noch nicht bekannt.

d) Frageformen der bestimmten Vergangenheit:

bul**dunuz mu**?	*haben Sie gefunden?*
sat**tı mı**?	*hat er verkauft?*
konuş**madın mı**?	*hast du nicht gesprochen?*
sizi uyan**dırmadım mı**?	*habe ich Sie nicht aufgeweckt?*
görünüyor **muydu**?	*wurde es (gerade) sichtbar?*
kalır **mıydınız**?	*wären Sie geblieben?*

In der einfachen **-di** Vergangenheit bleibt die Personalendung am Verbstamm, in den anderen Fällen wird sie unter Einschub eines **y** an die Fragepartikel angefügt.

Übungen **10 C**

1. Orhan çocuktur. *Orhan ist (ein) Kind.*

Orhan çocuk idi.
Orhan çocuktu. } *Orhan war (ein) Kind.*

Bilden Sie nach diesem Beispiel die drei Formen von folgenden Adjektiven bzw. Substantiven:

iyi (*ben*), dostum (*sen*), öğretmenimiz (*o*), müşteri (*biz*), Mehmet'in misafiri (*siz*), çalışkan (*öğrenciler*), meşhur değil (*kitap*), hasta (*sen*), ev sahibi (*siz*)

2. *Setzen Sie folgende Formen in die Ihnen bekannten drei Vergangenheitsformen (-di, -yordu, -irdi) und bilden Sie damit Sätze.*

biz seviniyoruz, onlar tanışıyorlar, o satıyor, siz geziyorsunuz.

3. *Ergänzen Sie in dem nachstehenden Brief, der in der „Ich-Form" geschrieben ist, die entsprechenden Lücken durch Endungen des yor- bzw. r-Präsens und der -di Vergangenheit und übersetzen Sie:*

Aziz dostum Cemal bey,

mektubunuzu al...... Çok memnun ol..... Mektubunuz için teşekkür ......Bilhassa sağlık haberlerinize çok sevin...... Senelerdir yan yana gelip bir sohbet edeme..... Şayet şartlarımız müsait olursa bu yaz size gelmek ist...... Orada sizlerle daha iyi konuşmak, Türkiye'yi daha yakından tanımak için bu sene Türkçe öğren..... Bir Türkçe sözlük ve ders kitabı satın al.....

Çocukların ve bizim sağlığımız oldukça iyi.... Satırlarıma son verirken sizin ellerinizden sık..... Çocukların gözlerinden öp.... İyi ve sağlıklı günler dil...'

Peter

4. *Übersetzen Sie unter Verwendung der richtigen Vergangenheitsform:*

a) Wer öffnete gerade die Tür?
b) Die Vögel kehrten jedes Jahr zu diesem See zurück, aber dieses Jahr kamen sie nicht (*Vogel* = *kuş*).
c) Wir alle sind aus dem Haus hinausgegangen (= *verließen das Haus*).
d) Warum haben Sie nicht geschwiegen?
e) Hüseyin, hast du den Bootsmann gerufen? (*Bootsmann* = *kayıkçı*)

Vokabeln

ada	Insel
alışılmamış	ungewöhnlich
Büyükada	*größte Insel vor Istanbul*
çanta	Tasche
çoluğuyla çocuğuyla	mit Kind und Kegel
doymak	satt werden
doymamak	nicht genug bekommen können
duymak	hören
duyulmak	gehört werden
duyulan	die man hört
esmek	wehen
esen	wehend, der wehte
eşek	Esel
fakat	aber
geçen	vergangen, vorig
gerekli olan şeyler	die notwendigen Sachen
görünmek	sichtbar werden
güverte	Schiffsdeck
hal [l ince]	Situation, Zustand
hayvan	Tier
hoş	angenehm
insan	Mensch
iskele	Schiffsanlegestelle
kalkan	wegfahrend, die wegfuhren
Karaköy	*Stadtteil Istanbuls*
kararmak	dunkel werden
hava kararmadan	ohne daß es dunkel wurde, bevor ...
motorlu	*hier:* motorgetrieben
onlarla	mit ihnen
orada	dort
ortalık	(*der Raum des Geschehens* =) hier
payton	Pferdedroschke
pazar	Sonntag
plaj	Badeanstalt, Badestelle
rüzgâr [a ince]	Wind
sessiz	lautlos
taşınmak	transportiert werden
taşıt	Fahrzeug
tek	einzig, einzeln
Turgutlarla	mit der Familie Turgut
tutmak	ergreifen, nehmen
vakit	Zeit
vakit geçirmeden	(*ohne Zeit vorbeigehen zu lassen* =) sogleich
yiyeceğimiz yemekleri	Dinge, die wir zum Essen mitnehmen
yolcu	Fahrgast
yük	Last
yüzmek	schwimmen

Erläuterungen und Übungen:

'bilhassa	besonders
çalışkan	fleißig
daha iyi	besser
daha yakından tanımak	genauer kennenlernen
el	Hand
gelip	*hier* = **gelemedik** wir konnten nicht kommen
gezmek	umhergehen
göz	Auge
hafif	leicht
müsait olursa	*hier:* wenn ... günstig sind
müşteri	Käufer, Kunde
öğrenci	Schüler
öpmek	küssen
sağlık	Gesundheit
sağlıklı	gesund
satır	Zeile
sıkmak	drücken, pressen
sohbet edememek	sich nicht unterhalten können
şart	Voraussetzung
tembel	faul
yan yana	zueinander

11. Lektion

Otobüs İstasyonunda

11 A

Ben birkaç hafta için Anadolu'ya gidiyorum. Önce Ankara üzerinden Kayseri'ye. Bu yolculuğumu otobüsle yapmak istiyorum. Çünkü yol üzerinde Türkiye'nin tabiat güzelliklerini daha iyi görebilirim. Bilmiyorum, otobüs Kayseri'ye nereden hareket eder.

– Affedersiniz, beyefendi Kayseri'ye gitmek istiyorum. Kayseri otobüsleri nereden kalkar?

– Edirnekapı'da büyük otobüs istasyonu var. Oradan her şehre gidilebilir. Şimdi siz şuradan Edirnekapı dolmuşuna bininiz, dolmuştan inince orada tekrar sorunuz.

– Teşekkür ederim efendim.

– Bir şey değil, size iyi yolculuklar dilerim.

Edirnekapı'ya geliyorum, bakıyorum birçok otobüs yazıhanesi var. Yazıhanelerden birine gidiyorum.

– İyi günler, efendim. Sizin Kayseri'ye otobüsünüz var mı?

– Evet, her yarım saatte bir buradan Ankara'ya otobüs kalkar. Siz Ankara üzerinden Kayseri'ye kolayca gidebilirsiniz. İlk otobüs her gün saat 7.45 'te buradan hareket eder. Dört saat sonra Bolu'da bir yarım saat yemek istirahatı verilir. Bu otobüs saat 16.10 da Ankara'ya gelebilir. Siz Ankara'da bir gece yatarsınız, ya da hemen başka bir otobüsle Kayseri'ye gidebilirsiniz.

– Seyahat rehberinizi görebilir miyim?

– Büyük seyahat rehberi duvarda asılıdır, anlayabilir misiniz?

– Evet, ben biraz Türkçe bilirim, her halde anlarım.
  Bana yarın saat 8.15 için bir bilet verebilir misiniz?

– Tabiî, seve seve. Lütfen adınızı, soyadınızı ve memleketinizi söyler misiniz?

– Benim adım Hagen, Eveline. Memleketim Berlin.

– Buyurun efendim, işte biletiniz. Lütfen buraya yarım saat erken geliniz. Bu arada bagajınızı otobüse yerleştirebilirsiniz.

– Teşekkür ederim efendim. Allaha ısmarladık.

– Güle güle, efendim. İyi yolculuklar dilerim.

1. Die Uhrzeit (volle und halbe Stunden)

dört saat	*4 Stunden*
saat dört**(tür)**	*es ist 4 Uhr*
saat dört**te**	*um 4 Uhr*

saat kann die Bedeutung von *Stunde*, *Uhr* und *Uhrzeit* haben.

yarım saat	½ *Stunde*
saat yarım**(dır)**	*es ist 0.30 Uhr* oder *12.30 Uhr*
saat yarım**da**	*um 0.30 Uhr* oder *um 12.30 Uhr*

yarım bedeutet ½ (abgeleitet von **yarı** *die Hälfte*); es wird auch allgemein verwendet, z.B.:

yarım kilo (500 g) *ein halbes Kilo*, yarım ekmek *ein halbes Brot*.

Aber:	iki buçuk saat	2½ *Stunden*
	saat iki buçuk(tur)	*es ist 2.30 Uhr*
	saat iki buçukta	*um 2.30 Uhr*

2. Die Uhrzeit (Viertelstunden und Minuten)

çeyrek saat ¼ *Stunde*

Es ist 4.45 (16.45) Uhr: saat beşe çeyrek var
(wörtlich: *bis 5 Uhr gibt es ¼ Std.*)

Es ist 5.15 (17.15) Uhr: saat beşi çeyrek geçiyor
(wörtlich: *an 5 Uhr ist ¼ Std. vorbeigegangen*)

Eine genaue Besprechung der verschiedenen Zwischenzeiten würde einer ausführlichen Erläuterung bedürfen.

Um 4.45 Uhr: saat beşe çeyrek kala
oder vereinfacht: saat dört kırk beşte

Um 5.15 Uhr: saat beşi çeyrek geçe
oder vereinfacht: saat beş onbeşte

Bei der Angabe der Uhrzeit ist zu unterscheiden, ob man sagen will: *es ist ... Uhr* oder *um ... Uhr.*

Die folgenden Beispiele können als Modell dienen (**dakika** = *Minute* fällt meist weg):

Es ist 6.12 Uhr: saat altıyı on iki (dakika) geçiyor
Um 6.12 Uhr: saat altıyı on iki geçe
oder vereinfacht: saat altı on ikide

Es ist 4.25 Uhr: saat dört buçuğu beş (dakika) var
Um 4.35 Uhr: saat dört buçuğu beş geçe
oder vereinfacht: saat dört otuz beşte

3. Die Möglichkeitsform (Bejahung, Frage)

Das Hilfszeitwort „können" erscheint im Türkischen bei den jeweiligen Verbformen ebenfalls als Suffix. Das Suffix ist in der bejahten Form der **Verbstamm** von **bilmek** *wissen, kennen, können.*

gör**ebil**irim ich **kann** sehen; konuş**abil**irim ich **kann** sprechen; yap**abil**dim ich **konnte** machen, ich habe machen **können**

a) Die Suffix-Silbe **-bil-** wird an den durch **-e-** oder **-a-** ergänzten Verbstamm angefügt und mit der entsprechenden Konjugationsendung versehen. Die Silbe **-bil-** ist nicht der Vokalharmonie unterworfen.

gele**bil**mek heißt also: kommen **können**
yaza**bil**mek dementsprechend: schreiben **können**

Es lassen sich dadurch alle Zeitformen in der Möglichkeitsform ausdrücken:

gele**biliyor**,	gele**bilir**,	gele**bildi**,	gele**bilirdi** . . .

In der Umgangssprache haben nur die von den Grundverbformen abgeleiteten Möglichkeitsformen eine Bedeutung, in erster Linie die des **r**-Präsens.

Bei vokalisch ausgehenden Verbstämmen wird ein **y** eingefügt:

söyle**ye**bilmek *sagen können.*
yolla**ya**bilmek *senden können.*

b)

nasıl göre**bilirsiniz**?	wie **können Sie** sehen?
göre**bilir misiniz**?	**können** Sie sehen?
göre**bildi mi**?	**konnte er** sehen?, **hat er** sehen **können**?

Die Frageformen von „können" leitet sich regelmäßig ab. Diese Frageform hat große Bedeutung im höflichen Umgang (s. auch Lekt. 8 B).

Beispiele:

Nereden telefon ede**bilirim**? Von wo aus **kann ich** telefonieren?
Telefon ede**bilir miyim**? **Kann ich** telefonieren?
Lütfen bana telefon rehberini vere**bilir misiniz**? **Können (würden) Sie** mir bitte das Telefonbuch geben?

Lütfen para boza**bilir misiniz**? **Können (würden) Sie** mir bitte das Geld wechseln?

c) Die Verneinung der Möglichkeitsform (also die „Unmöglichkeitsform") wird unregelmäßig gebildet (s. Lektion 16).

Übungen **11 C**

1. Lütfen, okuyunuz ve Almancaya çeviriniz!

a) Tren saat 13.35 te Adana'ya hareket eder.
b) Kursumuz her gün saat 19.15 te başlar ve saat 20.45 te biter.
c) Ankara Radyosundan haberleri şu zamanlarda dinleyebilirsiniz: Saat 6.00, 7.30, 9.15, 12.30, 14.15, 18.00, 20.45, 24.00

Unterscheiden Sie zwischen Lesen und mündlicher Weitergabe z.B. an einen Bekannten.

Beispiel: 14.15 Uhr
Lesen: saat on dört on beşte.
Bericht: saat on dördü çeyrek geçe.

2. Die Wochentage sind: **pazar** (*Sonntag*) – **pazartesi** – **salı** – **çarşamba** – **perşembe** – **cuma** – **cumartesi**

Übersetzen Sie:

a) Am Montag (*pazartesi günü*) fahre ich um 5.10 zur Arbeit.
b) Am Dienstag fängt meine Arbeit um 10.30 an.
c) Am Mittwoch habe ich ab 12.30 frei.
d) Jede Woche findet am Donnerstag von 9.00 bis 12.00 eine Konferenz (*konferans*) statt (*saat 9 dan 12 ye kadar*).
e) Am Freitag schließen wir das Büro um 16.45.
f) Am Samstag sehe ich oft (*sık sık*) bis 0.30 fern.
g) Am Sonntag stehen wir meist (*genellikle*) zwischen 9.30 und 10.30 auf (*9.30 ile 10.30 arası*).

3. Beantworten Sie die Fragen aus dem Text dieser Lektion (mit einem bejahenden Satz):

a) Yolcu Kayseri'nin otobüs istasyonunu bulabildi mi?
b) Günün hangi zamanlarında yolcular Kayseri'ye gidebilirler?
c) Yolcular yolda durup yemek yiyebilirler mi?

d) Yolcular yazıhanedeki büyü kseyahat rehberini nerede okuyabilirler?
e) Yolcular otobüs istasyonuna niçin yarım saat erken geliyorlar?

4. Formulieren Sie auf türkisch Fragen mit „können" zu folgenden Sätzen:

a) Ich möchte zum Postamt (Beispiel: Wie kann ich zum P. kommen?).
b) Ich möchte Kölnisch Wasser reichen.
c) Ich möchte mich auf einen bestimmten Stuhl setzen.
d) Ich möchte den Brief als Luftpost senden.
e) Ich möchte ein Boot mieten.

Vokabeln

Anadolu	Anatolien
asılı	aufgehängt
bagaj	Gepäck
bilet	Fahrkarte
birkaç	einige
Bolu	*Stadt in Anatolien*
dolmuş	Gemeinschaftstaxi
duvar	Wand
Edirnekapı	*Stadtteil Istanbuls*
gece	Nacht
güzellik	Schönheit
inince	*hier:* wenn Sie aussteigen
istasyon	Bahnhof
istirahat [–ra:ha:t]	Ausruhen, Rast
Kayseri	*Stadt in Anatolien*
kolayca	ziemlich leicht, unschwer
önce	zuerst
sevmek	lieben, gern haben
seve seve	mit Freuden, gern
şehir	Stadt
şuradan	von dort, von da
tabiat	Natur
tabiî	natürlich
üzerinden	über . . . (hinweg)
verilir	man gibt, man macht
ya da	oder (*2. Teil einer Alternative*)
yarın	morgen
yatmak	sich hinlegen, über Nacht bleiben
yazıhane [h *kaum wahrnehmbar*]	Anmeldebüro

Erläuterungen und Übungen:

bozmak	kaputtmachen
para bozmak	Geld wechseln
bulabildi	er konnte finden
dakika [–ki:–]	Minute
dinlemek	hören, zuhören
durup	*hier:* = durabilirler (Lekt. 19)
kapamak	schließen
konferans	Konferenz
kurs	Kurs
çevirmek, tercüme etmek	übersetzen

12. Lektion

Bir Telefon Konuşması **12 A**

– İyi günler, ben Nuri. Kiminle konuşuyorum efendim?
– Ben Erol, aaa.. Nuri. Ne zamandan beri buradasınız?
– Aziz dostum Erol, ben birkaç haftadır buradayım. Ama ne yazık ki bir türlü buluşamadık. Vaktiniz var mı? Herhangi bir yerde buluşabilir miyiz?
– Pek tabiî Nuri, böyle şey sorulmaz. Tesadüfen salı günü bizim Halime telefon etti. Biz perşembe günü Gençlik Parkı'na gitmek için sözleştik. Vaktiniz var mı? Siz de bizimle beraber gelirseniz çok iyi olmaz mı?
– Aaa.. buna sevindim, Erol. Dolayısıyle Halime'yi de görmüş olurum. Ne zaman orada olursunuz?
– Biz dün Halime ile kararlaştırdık. Yarın saat 10.15 te Çınar Pastanesinde buluşuyoruz. Daha sonra da oradan Gençlik Parkı'na gidiyoruz.
– Çınar Pastanesi nerede, Erol?
– Gençlik Parkı'nın yakınında, Hürriyet Caddesinde.
– Lütfen geç kalmayın, Erol! Ben 10.15 te orada olurum.
– Merak etme, Nuri. Ben tam vaktinde oradayım.
– Perşembe günü tekrar buluşmak üzere. Hoşça kal, Erol.
– Hoşça kal, Nuri.

Erläuterungen **12 B**

1. Die Übersetzung des Hilfszeitworts „haben"

Vaktiniz **var** mı?	**Haben Sie** Zeit?
Vaktim **yok.**	**Ich habe keine** Zeit.
Param **yok.**	**Ich habe kein** Geld.

Der Türke drückt die Aussage „Ich habe kein Geld" durch die Formulierung **param yok** (= mein Geld gibt es nicht) aus, also durch die Verbindung der **Possessivform mit var** bzw. **yok.**

Ähnliche Konstruktionen finden sich bei **vakit** (vaktim) *Zeit,* **sabır** (sabrım) *Geduld* oder **rica** (ricam) *Bitte*, sowie bei Besitzangaben, z. B. **evim var** *ich habe ein Haus* usw.

Babamın arabası **var**. Mein Vater **hat** ein Auto.

Folgerichtig wird auch die Genitiv-Possessiv-Konstruktion so angewandt.

Nicht jedes deutsche „haben“ kann schematisch ins Türkische übersetzt werden, z. B.:

ich habe Angst	ben korkuyorum
ich habe Hunger	benim karnım aç
ich habe Kummer	üzüntülüyüm
ich habe keine Langeweile	ben sıkılmıyorum

2. Begrüßung und Verabschiedung

a) Begrüßungen, die zu jeder Tageszeit möglich sind (entsprechend unserem „Guten Tag!“):

merhaba
selâmünaleyküm

Auch die Frage **nasılsınız**? kann man im weiteren Sinn als Begrüßung bezeichnen. Der Angesprochene antwortet: **İyiyim** (falls es ihm gut geht), **siz nasılsınız**?

b) Begrüßungen, die auf bestimmte Tageszeiten beschränkt sind:

günaydın	*guten Morgen!* (Wunsch für den Tag, **aydın** *glücklich, fröhlich*)
iyi günler	*guten Tag!* (Begrüßung um die Mittagszeit)
iyi akşamlar	*guten Abend!*
iyi geceler, iyi uykular	*gute Nacht!*
kolay gelsin	Begrüßung bei der Arbeit (*sie, die Arbeit, möge dir leicht fallen!*) Die Antwort darauf lautet z. B. **sağ ol** oder **teşekkür ederim**

c) **Verabschiedung**

Der Weggehende sagt:	*Der Zurückbleibende erwidert:*
Allaha ısmarladık	güle, güle
hoşça kalın(ız)	güle, güle
esen kalın(ız)	güle, güle gidin(iz)
eyvallah	güle, güle gidin(iz)
tekrar görüşelim (*laßt uns einander bald wiedersehen!*)	inşallah

Bei der Abreise/Abfahrt:

Allaha ısmarladık	iyi yolculuklar
	selâmetle gidin(iz)

3. Höflichkeitsformen und gute Wünsche

affedersiniz / **özür dilerim** / **pardon**	*Verzeihung!, Entschuldigen Sie!*
rica ederim	*bitte sehr!* (entweder als Erwiderung auf eine Entschuldigung oder im Sinne einer Bitte als Aufforderung)
lütfen	*bitte* (bei Anfragen, Wünschen usw.)
zahmetinize teşekkür ederim	*ich danke für Ihre Mühe*
geçmiş olsun	*gute Besserung!*
yazık	*schade!*
afiyet olsun	*guten Appetit!*
şerefinize	*Prosit!, Auf Ihr Wohl!*

Gratulationen können verschieden ausgedrückt werden:

a) mit dem Akkusativ:

Sizi . . .		
Yaş gününüzü . . .	(*Geburtstag*)	. . . tebrik ederim
Düğünüzü . . .	(*Hochzeit, Beschneidung*)	*oder*
Yeni yılınızı . . .	(*Neujahr*)	. . . kutlarım
Bayramınızı . . .	(*Feiertag, Fest*)	

b) mit dem Nominativ:

Bayramınız kutlu olsun.

4. Briefe

Beispiele für

Anrede:	Sayın Bay . . .	*sehr geehrter Herr . . .*
	Sevgili . . .	*lieber . . .*
	Aziz . . .	
Dank für erhaltenen Brief:		
	Mektubunuza çok sevendim . . .	
	Mektubunuzu aldım, çok memnun oldum.	
Grüße:	Dostça selâmlar	
	Dostça selâm ve sevgiler	
Hochachtung:	Saygılarımı sunarım	
	Hürmetlerimle	

1. Beantworten Sie die Fragen (ein Hinweis für die mögliche Antwort steht in der Klammer):

a) Sabrınız var mı? (*evet*...)
b) Vaktiniz yok mu? (*hayır*...)
c) Bozuk paranız var mı? (*maaslesef*...)
d) Tren rehberiniz var mı? (*evet*...)
e) Ateşiniz var mı? (*Sigara içmiyorum*...)
f) Doktor bey, ateşim var mı? (*hayır*...)
g) Niçin haber vermediniz? (*adresiniz*...)

2. Übersetzen Sie diesen Brief:

Ankara, den 30. 12. 19..

Sehr geehrter Herr Yıldırım,

Ihren Brief vom 15. November habe ich erhalten. Vielen Dank.
Über Ihre Nachricht (*Dativ*) habe ich mich sehr gefreut.
Leider war ich 2½ Wochen krank. Ich hatte hohes Fieber.
Nächste Woche kann ich zu Ihnen kommen. Ich bestelle die Waren (*mal*) dann (*o zaman*) bei Ihnen.
Mein Zug trifft am Freitag, dem 5. Januar, um 13.30 Uhr in Konya ein.
Können Sie mich abholen?

Mit Hochachtung
Murat Şen

3. Übersetzen Sie:

a) Aileniz nasıl?
b) Lütfen, şunu tekrarlayınız!
c) Ne var, ne yok?
d) Affedersiniz, para bozabilir misiniz?
e) İşimden memnunum.
f) Ne yapabiliriz?
g) Yeni yılınız kutlu olsun!
h) Affedersiniz, saatınız kaç?
i) Çalışırken pipo içerim.

Vokabeln

beri	seit (*nach Abl.*)
bizim	unser(*e Halime*)
bizimle	mit uns
böyle	so ein, solch
buluşmak	sich treffen
Çınar Pastanesi [–ta:–]	Platanen-Konditorei (*Eigenname*)
daha sonra	danach
dolayısıyle	in diesem Zusammenhang
dün	gestern
Erol	*männl. Vorname*
gelirseniz	wenn Sie kommen
gençlik	Jugend
görmüş olurum	*hier:* ich würde sehen
Halime	*weibl. Vorname*
hoşça kalın	auf Wiedersehen!, alles Gute!
Hürriyet Caddesi	Straße der Freiheit (*Eigenname*)
kararlaştırmak	verabreden
kiminle	mit wem?
konuşma	Gespräch
merak etmek	sich Sorgen machen
ne yazık ki	leider . . .
Nuri	*männl. Vorname*
olmaz mı?	nicht wahr?, oder?
park	Park
perşembe	Donnerstag
salı	Dienstag
sorulmak	gefragt werden
sözleşmek	vereinbaren, sich verabreden
'tekrar	wieder
telefon etmek	telefonieren
tesadüf	Zufall
tesadüfen [–'sa:–]	zufällig
türlü	verschiedenartig
bir türlü	überhaupt nicht

Erläuterungen und Übungen:

aç	hungrig
ateş	Feuer, *auch:* Fieber
bayram	Feiertag
bozuk	kaputt
bozuk para	Kleingeld
'dostça	freund(schaft)lich
düğün	Hochzeit
esen kalın	bleiben Sie gesund!
eyvallah	danke schön!, vergelt's Gott!
geçmiş	vergangen; Vergangenes
görüşmek	wiedersehen
hürmet	Hochachtung
ısmarlamak	bestellen
Allaha ısmarladık	Gott befohlen!, auf Wiedersehen!
'inşallah	so Gott will!, hoffentlich!
karın	Bauch
kolay [–la:]	leicht
korkmak	Angst haben, sich fürchten
kutlamak	gratulieren
kutlu	glücklich
maalesef	leider
mal	Ware
'merhaba	guten Tag
para	Geld
'pipo	Pfeife
sabır	Geduld, Ausdauer
sağ ol	danke schön!
saygı	Hochachtung
sayın	sehr geehrter . . .
selâm [l ince]	Gruß
selâmünaleyküm [beide l ince]	guten Tag!
selâmetle	mit Sicherheit
sevgili	lieber . . .
sunmak	erweisen; senden
şerefinize	Prosit!
tebrik etmek	gratulieren
üzüntülü	betrübt, bekümmert
yaş	Lebensalter

13. Lektion

Otelde

13 A

Otobüsten iniyor, şöyle bir etrafıma bakınıyorum. Uzakta bir bekçi görünüyor. Bekçinin yanına gidiyorum.

– Affedersiniz beyefendi, yakında temiz bir otel bulunur mu?

– Otel Dedeman yeni yapıldı, çok uzakta da değil. Siz oraya yaya gidebilirsiniz. Şu yol Otel Dedeman'a gider. Her halde orası temizdir.

– Teşekkür ederim beyefendi. Çok sağ olun.

Ben otele gidiyorum ve resepsiyonda soruyorum:

– İyi günler, beyefendi. Tek yataklı, sessiz, temiz bir odanız var mı?

– Tam sizin isteğinize göre ikinci katta banyolu bir odamız var.

– Odayı görebilir miyim?

– Buyurunuz, görünüz!

– Oda çok güzel, burada kalmak istiyorum.

– Bir ihtiyacınız olursa lütfen bana telefon ediniz.

Uzun yolculuktan sonra kendimi yorgun hissediyorum.

Önce yıkanıyorum, sonra traş oluyorum, dişlerimi fırçalıyorum, saçlarımı tarıyorum. Yatağa uzanıp bir az dinlendikten sonra kendimi aç hissediyorum. Resepsiyona telefon ediyorum:

– Affedersiniz beyefendi, otelde yemek salonu var mıdır?

– Evet, efendim, otelimizde çok nefis bir yemek salonu vardır. Orada her türlü yemek yenilebilir ve içki içilebilir. Ne istersiniz bulunur.

– Teşekkür ederim, hemen elbisemi giyinip yemek salonuna gideyim. Beyefendi bir ricam daha var. Lütfen beni sabahleyin saat 7.15 te uyandırınız.

– Olur bey, siz hiç merak etmeyiniz.

– Yardımınız için çok teşekkür ederim.

Erläuterungen

13 B

1. Das Passiv

Otel yeni yap**ıl**dı. Das Hotel **wurde** neu **erbaut.**

Tam zamanında otelci tarafından uyandırı**lı**yorum.
Zur genau vereinbarten Zeit **werde ich** vom Hotelier **geweckt.**

Die Passivform wird durch Anfügen der Silbe **-il (-ıl, -ül, -ul)** gebildet.

içmek	–	iç**il**mek	getrunken werden
açmak	–	aç**ıl**mak	geöffnet werden
götürmek	–	götür**ül**mek	hingetragen werden
sormak	–	sor**ul**mak	gefragt werden

Endet ein Verbstamm auf **l**, so wird aus Gründen einer besseren Lautharmonie die Silbe **-in-** statt **-il-** eingefügt:

bil**in**mek, bul**un**mak, al**ın**mak.

Bei vokalisch endenden Verbstämmen folgt in der Passivform dem Vokal nur ein **-n-**:

anla**n**mak, temizle**n**mek.

In der **Verneinung** folgt die Silbe **-me-** und **-ma-** nach der Passivsilbe:

anlan**ma**mak, temizlen**me**mek, açıl**ma**mak.

Will man für die Passivform die Person usw. angeben, von der etwas geschieht, so drückt man das meistens mit **tarafından** (= *von seiten*) aus:

taraf**ım**dan	von mir	taraf**ın**dan	von dir, von ihm
taraf**ımız**dan	von uns	taraf**ınız**dan	von euch, von Ihnen
taraf**ların**dan	von ihnen		

2. Die Übersetzung des deutschen „man"

Yakında temiz bir otel bulunur mu?
Yaya gidilebilir.

Die Verbformen des Passivs in der 3. Pers. Singular werden vorzugsweise im Sinne des deutschen „man" verwendet. Obenstehende Sätze bedeuten also:

Wird in der Nähe ein sauberes Hotel **gefunden**?
= **Findet man** in der Nähe ein sauberes Hotel?

Es kann zu Fuß **gegangen werden.**
= **Man kann** zu Fuß **gehen.**

3. Das Reflexiv

Elbisemi giyi**n**iyorum. Ich ziehe **mir** mein Kleid an.
Bir etrafıma bak**ın**ıyorum. Ich schaue **mich** um.
Ben yıka**n**ıyorum ve tara**n**ıyorum. Ich wasche und kämme **mich.**

Die Reflexivform eines Verbs (z. B. **sich** waschen) wird durch die Silbe **-in (-ın, -ün, -un)** nach dem Verbstamm, bei vokalisch endenden Verbstämmen nur durch ein **-n-** gebildet.

giymek	–	giy**in**mek	**sich** anziehen
bakmak	–	bak**ın**mak	**sich** umschauen
yıkamak	–	yıka**n**mak	**sich** waschen

Dabei gibt es Überschneidungen mit der Passivform.

yıkanmak kann sowohl *gewaschen werden* als auch *sich waschen* bedeuten.

bulunmak kann sowohl *gefunden werden* als auch *sich befinden* bedeuten.

Demnach kann man den Satz:

Yakında temiz bir otel bulunur mu?

auch übersetzen: **Befindet sich** in der Nähe ein sauberes Hotel?

Ob die Bedeutung des Passivs oder des Reflexivs zutrifft, muß sich aus dem Inhalt des Satzes ergeben.

4. Verbformen des Passivs und des Reflexivs mit besonderer Bedeutung

Ben bir az dinleniyorum. Ich ruhe **mich** etwas aus.
Uzakta bir bekçi görünüyor. Etwas entfernt **erscheint** ein Wächter.

Die Passiv- oder Reflexivbildung führte bei vielen Verben – neben der formalen Bedeutung im engeren Sinne – zu einer eigenständigen Bedeutung.

dinlemek *zuhören*
dinle**n**mek kann heißen: *zugehört werden.*

Es hat außerdem die weitergehende Bedeutung:
sich ausruhen, sich ausspannen.

görmek *sehen*
gör**ün**mek kann heißen: *sich sehen*
oder aber *sich zeigen, erscheinen.*

hazırlamak *vorbereiten*
hazırla**n**mak *vorbereitet werden, sich vorbereiten*
oder auch *sich bereithalten.*

Hierzu wird auf die Wörterbücher verwiesen.

1. Mehmet Uğur'a çağırıyor. Mehmet ruft den Uğur.
Uğur Mehmet tarafından çağ(ı)rılıyor. Uğur **wird** von Mehmet **gerufen**.

Setzen Sie wie im obigen Beispiel die folgenden Sätze ins Passiv:

a) Polis yolcuya yol gösteriyor.
b) Ben kitabı okuyorum.
c) Türk arkadaşım mektubu tercüme ediyor.
d) Ev sahibi evini satıyor.
e) Dedem hikâye anlattı.
f) Biz sizi iyi anlıyoruz.

2. Übersetzen Sie:

a) Hier tritt man in die Moschee ein.
b) Wo kann man den Dampfer verlassen?
c) Kann man hier essen?
d) Wo kann man telefonieren?
e) Das Wetter ist schön, wir können alle benachrichtigen.
f) Wann kann man in der Türkei im Meer baden?

3. Bilden Sie das Reflexiv von folgenden Verben und verwenden Sie es in Sätzen:

tutmak	*anfassen, halten usw.*
giymek	*anziehen*
ayırmak	*trennen*
bildirmek	*melden*

4. Analysieren und übersetzen Sie die folgenden Verbformen:

gönderiliyorlar, tercüme edildi, açılmadık, dinleniyoruz, arandım, beklenmiyordu, yazılır.

Vokabeln

banyolu	mit Bad
bekçi	Wächter, Wärter
daha	noch
Dedeman	*Eigenname des Hotels*
dinlendikten sonra	nach dem Ausruhen
diş	Zahn
elbise	Kleid, Anzug
etraf	Umkreis
fırçalamak	bürsten, putzen
giymek	anziehen (*Kleidung*)
giyinip	*hier:* nachdem ich mich angezogen habe
hissetmek	fühlen, empfinden
bir ihtiyacınız olursa	wenn Sie etwas brauchen
istek	Wunsch
isteğinize göre	Ihrem Wunsch entsprechend
kendimi	mich selbst (*Akk.*)
nefis	vorzüglich, ausgezeichnet
oraya	dorthin
resepsiyon	Empfang (*im Hotel*)
saç	Haar
taramak	kämmen
temiz	sauber
traş olmak	sich rasieren
uzanmak	sich (*aufs Bett*) legen
uzanıp	*hier* = uzanıyorum
yataklı	mit Bett
yaya	zu Fuß
yenilmek	gegessen werden
yıkanmak	sich waschen

Erläuterungen und Übungen:

dede	Opa
hikâye [k ince]	Geschichte, Erzählung
polis	Polizei

14. Lektion

Çarşıda Bir Gezi

14 A

Bugün arkadaşımla beraber yaya çarşıya gidiyoruz. Yolda elarabasıyla satış yaparak giden satıcılara rastlıyoruz. Yol kenarında küçük küçük dükkânlar var. Dükkânların kapılarının üzerinde demirci, kalaycı, hurdacı, kuruyemişçi, turşucu, emlâkçı . . . diye yazıyor.

Bu dükkânların içinde ve dışında alışveriş yapan müşterileri görüyoruz. Müşteriler alışveriş yaparlarken fiatı pazarlık ediyorlar. İki seyyar satıcıyı konuşurlarken duyuyoruz:

– Babalık kolay değil, pazarcılık yaparak yedi çocuğa ve hanıma bakıyorum.

– Alıcılar ucuz ve iyi mal isterlerken para kazanmak zor oluyor. Benim büyük oğlum on yaşında. O da, daha orada pazarcılık yapıyor. Öyle olduğu halde zor geçiniyoruz. –

Biz anîden temiz bir caddeye giriyoruz, bu cadde kuyumcular caddesidir. İki kuyumcu dükkânı arasında sandığıyla bir boyacı oturuyor: – Boyacı! Boyarız! Parlatırız! diye bağırıyor.

Biz orada bir halıcı dükkânına giriyoruz. Bu dükkân halılarla dolu.

Satıcı: – İyi günler, hoş geldiniz efendiler. Ne emredersiniz?
– İyi bir Isparta halınız var mı, beyefendi?
– Çok güzel Isparta halılarımız var efendim. İşte burada bakınız.
– Aaa . . . güzelliklerine paha biçilmez!
– Bu halının yüz yıllık mazisi vardır. Bakınız hâlâ yeni gibi.
– Bu halı çok güzel. Biz bu halıyı satın almak istiyoruz. Bu halının fiatı kaç liradır?
– Onbin lira.
– Bir az ucuza olmaz mı? Örneğin sekiz bine.
– Sekiz bin az. Dokuz bin olsun.
– Tamam halıyı dokuz bine satın alıyoruz.
– Güle güle kullanınız, beyefendiler.
– Siz de güle güle harcayınız, beyefendi. Allaha ısmarladık.
– Güle güle, beyefendiler. Gene buyurunuz.

Erläuterungen 14 B

1. Die Postposition „ile"

a) tren **ile** — **mit** dem Zug
kardeşim **ile** — **mit** meinem Bruder

Die Präposition „mit" wird im Türkischen nachgestellt; **ile** wird somit zu einer Postposition.

b) uçak ile – uçak**la**
annem ile – annem**le**

Diese Postposition wird oft auch an das Substantiv angehängt; das Suffix unterliegt dann der kleinen Vokalharmonie.

c) taksi ile – taksi**y**le
elarabası ile – elarabası**y**la

Beim Anfügen an eine vokalische Endung wird ein **y** eingeschoben.

d) Während vor **ile** die Substantive im Nominativ stehen, verlangt **ile** in einer Verbindung mit einem Personalpronomen (ben, sen . . .), einem Demonstrativpronomen (bu, şu . . .) oder einem Fragepronomen (kim . . .) den **Genitiv**:

benim ile — bunun ile
onun ile — kimin ile

e) Das auf **ile** zurückzuführende Suffix **-li (-lı, -lü, -lu)** drückt im weitesten Sinne „*versehen mit*, *zugehörig zu*" u.ä. aus und wird adjektivisch gebraucht:

şeker	– şeker**li**	tat	– tat**lı**
renk	– renk**li**	yağmur	– yağmur**lu**

Weiteres dazu s. Lektion 17.

2. Die Berufsbezeichnungen auf -ci

demir**ci**	*Schmied, Schlosser*	turşu**cu**	*Verkäufer von Essiggemüse*
satı**cı**	*Verkäufer*	kuruyemiş**çi**	*Dörrobsthändler*

Das Suffix **-ci (-cı, -cü, -cu)** bezeichnet den Beruf oder allgemein die Tätigkeit einer Person. Es ist der großen Vokalharmonie und der erforderlichen Erhärtung zu **-çi** usw. unterworfen.

Allerdings werden nicht alle Berufsbezeichnungen auf diese Weise gebildet, z.B.

kasap *Metzger* (**etçi** würde höchstens *Fleischverkäufer* bedeuten)
marangoz *Schreiner*

3. Das Suffix -lik

güzel**lik**, pazar**lık**, pazarcı**lık**

Wortbildungen mit **-lik** (große Vokalharmonie) sind häufig. Man kann ihre verschiedene Anwendung nach Gruppen ordnen:

Gruppe I:

tembel**lik**	Faul**heit**	hasta**lık**	Krank**heit**
güzel**lik**	Schön**heit**	yorgun**luk**	Müdig**keit**

Die Substantivbildung aus Eigenschaftswörtern ergibt Wörter, die vielfach im Deutschen die Endung **-heit** oder **-keit** besitzen.

Gruppe II:

pazarcı**lık**	die Tätigkeit des Händlers auf dem Markt – das Handeln mit Ware
terzi**lik**	Schneider**handwerk**
kasap**lık**	Metzger**gewerbe**

An Berufsbezeichnungen angefügt, bezeichnet das neue Wort den Gesamtbereich, der diesen Beruf betrifft, z.B. das Gewerbe bzw. Handwerk.

Gruppe III:

günl**ük**	täglich	taş**lık**	steinig
satı**lık**	verkäuflich	kira**lık**	zu vermieten

Andere Anfügungen von **-lik** an Substantive führen zu Wörtern, die adjektivisch zu verwenden sind.

Gruppe IV:

pazar	*Markt*	**pazarlık**	*Handel*, im engeren Sinne: *Preisfestsetzung zwischen Händler und Käufer*
göz	*Auge*	**gözlük**	*Brille*
parmak	*Finger*	**parmaklık**	*Geländer*
yok	*es gibt nicht*	**yokluk**	*Abwesenheit*

Die auf diese Weise gebildeten Wörter erhalten eine Bedeutung mit Bezug zum Ausgangswort.

Übungen **14 C**

1. Ergänzen Sie die untenstehenden Sätze durch die in Klammern stehenden Wörter unter Verwendung der Postposition „ile", wahlweise als Suffix. Beachten Sie evtl. notwendige Possessivformen!

a) Turgut . . . . . yaya çarşıya gidiyordu. (*arkadaş*)
b) Anne . . . . . geziyor. (*çocuklar*)
c) Satıcı . . . . . pazarlık yaptı. (*iki müşteri*)
d) . . . . . Boğaziçi'ne gidebilir miyim? (*dolmuş*)
e) Çocuk . . . . . köşede durdu. (*elarabası*)
f) Türkiye'ye . . . . . ne zaman gidiyorsunuz? (*ben*)
g) . . . . . geldiniz? (*kim*)
h) Bu kutuyu . . . . . Almanya'ya yollayabilir miyim? (*uçak*)

2. Leiten Sie die hervorgehobenen Wörter in folgenden Sätzen nach ihrer Herkunft ab:

a) Bugün hava **bulutlu**dur.
b) Bülent bekâr değil, **evli**dir.
c) İki **yataklı** odanız var mı?
d) Bu portakal çok **sulu**dur.
e) 20 aralık 1980 **tarihli** mektubunuzu aldım.
f) Bizim Anadolu otobüs seyahatlarında **yemekli** mola verilir.
g) Bayramınız **kutlu** olsun!

3. Bilden Sie die Berufsbezeichnungen zu:

pul – süt – kundura – kahve – tarih – şarkı – meyva.

4. Ordnen Sie die folgenden Wörter mit der Endung -lik einer der 4 Gruppen (s. Erläuterungen) zu und übersetzen Sie.
(Zu Ihrer Erleichterung sind die deutschen Begriffe in anderer Reihenfolge anschließend aufgeführt.)

aşçılık – kışlık – gecelik – tüccarlık – soğukluk – şişmanlık – şoförlük – senelik – varlık – gençlik – kötülük – yaramazlık – balıkçılık – aylık – ağızlık – yazlık.

Bosheit, Schlafanzug, monatlich, Kälte, Mundstück für Zigaretten, Kochgewerbe, winterlich, Unart, Körperfülle, jährlich, Fahrertätigkeit, Jugend, sommerlich, Anwesenheit, kaufmännische Tätigkeit, Fischfang.

Vokabeln

alıcı	Käufer, Kunde
alışveriş	Handel
anîden [a:–]	unerwartet
babalık	Vaterschaft, Vatersein
bağırmak	laut zurufen, schreien
boyacı	Schuhputzer
boyamak	färben
cadde	Straße
çarşı	Basar
demir	Eisen
dükkân [k ince]	Laden, Geschäft
elarabası	Handwagen
emlâk [l ince]	Immobilien, Grundstück
emretmek	befehlen, wünschen
geçinmek	auskommen, leben
gene	wieder
gezi	Spaziergang, Gang
hâlâ [ha:la:,l ince]	augenblicklich, noch immer
harcamak	verwenden
güle güle harcayınız	verwenden Sie es (*das Geld*) mit Gesundheit
hurda	Altwaren, Trödelware
Isparta	*Stadt in Anatolien*
kalay	Zinn
kazanmak	gewinnen
para kazanmak	Geld verdienen
kenar [k ince]	Rand, Ufer
kullanmak	gebrauchen
güle güle kullanınız	gebrauchen Sie es mit Gesundheit
kuruyemişçi	Dörrobsthändler
kuyumcu	Gold- und Silberschmuckhändler
küçük küçük	ganz klein
mazi [ma:–]	Vergangenheit, Alter
'oğlum	mein Sohn
Öyle olduğu halde	obwohl das so ist, trotzdem
paha biçmek	Preis veranschlagen
paha biçilmez	überaus wertvoll
parlatmak	glänzen lassen
pazarcılık yapmak	auf dem Markt verkaufen
rastlamak	begegnen
sandık	Kiste
satış yaparak giden satıcılar	*hier:* die Händler, die zum Verkauf umherfahren
'seyyar	wandernd, Wander-
turşu	Essiggemüse
ucuz	billig

Erläuterungen und Übungen:

ağız	Mund
aşçı	Koch
aralık	Dezember
ay	Monat; Mond
bulut	Wolke
genç	jung
kasap	Metzger, Fleischer
kış	Winter
kundura	Schuh
marangoz	Schreiner, Tischler
mola	Rast
mola verilir	es wird eine Rast eingelegt
parmak	Finger
portakal	Orange
soğuk	kalt
şişman	dick
taş	Stein
tat	Geschmack
terzi	Schneider
yaramaz	unartig; Taugenichts

15. Lektion

Türkiye'deki Tatil Evimiz — 15 A

Biz bu sene iznimizi Türkiye'de geçirdik. Oturduğumuz ev hemen denizin kıyısında idi. Evimizin arkasında orman, önünde deniz vardı. Ev ile orman arasında büyükçe bir bahçe, bahçenin ortasında ise büyücek bir dut ağacı vardı. Bahçenin etrafı basit parmaklıklarla çevriliydi. Biz akşamları dut ağacının altına oturur, sohbet ederdik. Sohbet sırasında masamızın üstünden çay eksik olmazdı.

Evimiz iki katlı idi. Biz üst katta, ev sahibi ise alt katta oturuyorduk. Bizim katta bir koridor, koridorun bir tarafında yatak odası ve onun yanında oturma odası vardı. Koridorun öbür tarafında ise mutfak ve onun bitişiğinde yan yana banyo ve yüznumara vardı.

Oturma odası denizle karşı karşıyaydı. Oturma odasının deniz tarafında bir de balkon, balkonun tam altında ise evimizin giriş kapısı vardı.

Erläuterungen — 15 B

1. Ausdrücke, die räumliche Beziehungen wiedergeben

Wir haben bereits in Lektion 2 erfahren, wie man mit dem Lokativ räumliche (und zeitliche) Beziehungen im Türkischen zum Ausdruck bringt.

Nun bedeutet **kedi masadadır** lediglich, daß sich die Katze „irgendwo" beim Tisch befindet. Will man aber deutlich sagen, daß die Katze **unter** dem Tisch liegt, so heißt das

kedi masanın altındadır.

alt ist Substantiv in der Bedeutung von „unterer Teil", **masanın altı** ist also eine Genitiv-Possessiv-Konstruktion (s. Lektion 3). Im Deutschen drücken wir dies mit der Präposition „unter" (dem Tisch) aus. Der Türke verwendet das Substantiv **alt** gewissermaßen als Postposition.

Wichtige Substantive, die als Postpositionen räumliche Beziehungen ausdrücken, sind:

ön	die vordere Seite	**yan**	die Seite
arka	die hintere Seite	**taraf**	die Seite
üst	die obere Seite	**iç**	das Innere
	(auch: **üzer-**)	**içeri**	der Innenraum
alt	die untere Seite	**ara**	der Zwischenraum
karşı	das Gegenüber	**etraf**	(Plural zu **taraf**)
orta	die Mitte		alle Seiten, Umgebung

bahçenin etrafı (*Nominativ*)	die Umgebung des Gartens
ağacın altına (*Dativ*)	zum unteren Teil des Baumes hin
koridorun bir tarafında (*Lokativ*)	auf der einen Seite des Korridors
masamızın üstünden (*Ablativ*)	vom oberen Teil unseres Tisches her

Diese Genitiv-Possessiv-Konstruktionen können auch entsprechend dekliniert werden.

2. Postpositionen, die den Genitiv verlangen

Alle unter 1. aufgeführten „Postpositionen" stehen in Verbindung mit dem Genitiv.

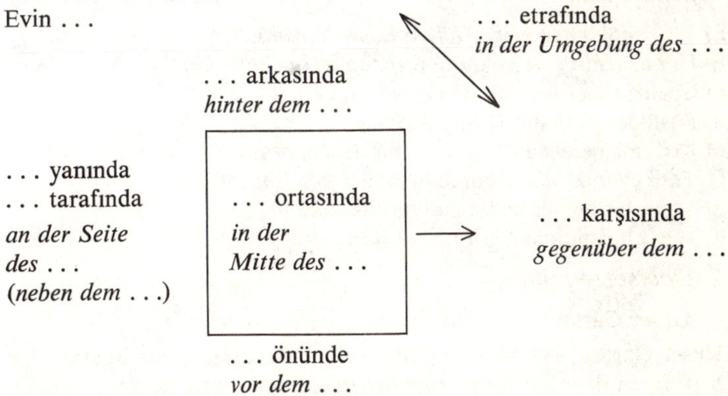

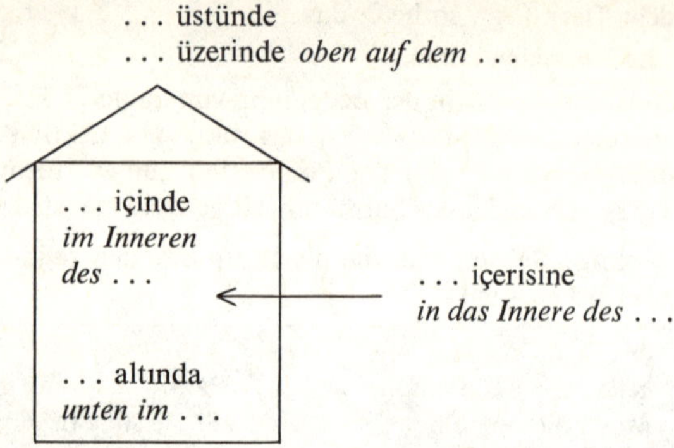

Ev **ile** orman **ara**sında dere var. *Zwischen dem Haus und dem Wald ist ein Bach.*

Bei der „Postposition" **ara** (*zwischen*) bleiben die beiden Substantive, die die räumliche Begrenzung angeben, im Nominativ. Die beiden Substantive werden durch **ile** miteinander verbunden.

Oturma odasının **deniz(-)** tarafında bir de balkon vardı.
Auf der Meerseite des Wohnzimmers befand sich auch ein Balkon.

Wenn die Ortsbezeichnung **(deniz)** sehr allgemein gehalten ist, kann der Genitiv entfallen.

Es gibt auch Postpositionen, die den Nominativ (z. B. gibi) oder den Ablativ (z. B. evvel) verlangen.

Übungen **15 C**

1. Ergänzen Sie die Sätze durch die Aussagen über die räumliche Situation (Vorgaben in Klammern) und übersetzen Sie:

a) ..... çok kayık var. (*Galata Köprüsü, yan*)
b) Her akşam ..... çok araba görünür. (*lokanta, ön*)
c) Çocuk ..... taşı attı. (*bahçemiz, iç*)
d) Postane ..... dır. (*istasyon, karşı*)
e) Kedimiz nerededir? O ..... dır. (*soba, arka*)
f) Tatil evimizi ..... görebilirsiniz. (*yol, deniz, ara*)
g) ..... bir buçuk saatte gidiyorduk. (*orman, orta*)
h) ..... hiç bir adam görmedik. (*köy, etraf*)

2. Übersetzen Sie:

Unser Garten

Unser Garten liegt zwischen unserem Haus und dem Stadtpark. Man tritt durch das Gartentor (*man betritt*) in das Innere unseres Gartens.

Vor unserem Haus blühen viele Blumen (*açmak*). Genau in der Mitte unseres Gartens steht (*bulmak*) eine große Tanne (*çam*). Am Abend singt oben auf dem Baum ein Vogel. Es ist eine Nachtigall (*bülbül*). In der Umgebung des Gartens, im Stadtpark, geben andere Vögel Antwort.
Wir tragen oft unseren Tisch und unsere Stühle unter den Baum. Dort trinken wir Tee und unterhalten uns. Kennen Sie den Sitzplatz (*oturma yeri*) hinter dem Haus ? Der Sitzplatz ist neben einem Springbrunnen (*şadırvan*). Um das Wasserbecken herum und im Wasser (= *im Inneren des Wassers*) wachsen (*yetişmek*) Pflanzen; es gibt dort auch einige Fische.

3. Beantworten Sie folgende Fragen, indem Sie die Ihnen bekannten „Postpositionen" verwenden:

a) Kuş neresidir ?
b) Komşularımız evimizin hangi tarafında oturuyorlar?
c) Bahçemizde dut ağacı var mı?
d) Çammın tohumu nereye dökülüyor?
e) Nerede bir otel bulabilirim?
f) Posta pulu zarfın neresine yapıştırılır?
g) Ben buradan istasyona nasıl gidebilirim?

Vokabeln

akşamları	abends, jeden Abend
alt	die untere Seite
arka	die hintere Seite
basit	einfach
bitişik	ganz nahe beieinander, angrenzend
büyücek	recht groß, ansehnlich
büyükçe	ziemlich groß
çevrili	umgeben
dut (ağacı)	Maulbeerbaum
eksik	fehlend, mangelnd
eksik olmak	fehlen
geçirmek	verbringen
giriş	Eingang
karşı	das Gegenüber
kıyı	Rand, Meeresstrand
koridor	Korridor, Flur
mutfak	Küche
oturduğumuz ev	das Haus, in dem wir wohnen
oturma odası	Wohnzimmer
öbür	der andere (von zweien)
tatil	Ferien
üst	die obere Seite
yüznumara	Toilette

Erläuterungen und Übungen:

adam	Mensch
bülbül	Nachtigall
çam	Kiefer, *auch:* (*jeder*) Nadelbaum
dökülmek	fallen, abfallen
havuz	Wasserbecken
kedi	Katze
köy	Dorf
kuş	Vogel
soba	Ofen
şadırvan	Springbrunnen
to'hum	Samen (*von Pflanzen*)
yetişmek	wachsen

16. Lektion

Giysi ve Değeri

16 A

Nasreddin Hoca bir gün bir düğüne gider. Düğün evinin kapısından içeriye girince görür ki, her yer tıklım tıklım dolu. Hoca geldiğini kimseye sezdirmez. Oradakilerden de hiç kimse Hoca'ya rağbet etmez. Bu tanınmış misafiri hiç kimse tanımaz ve ona yer göstermez.

Hoca bu hali anlayamaz. Hal böyle olunca evine geri döner. Evde durar duramaz, dayanamaz, düğüne tekrar geri gitmek ister. Bu sefer yeni elbiselerini ve kürkünü giyer, düğün evine geri gider.

Oradakiler Hoca'yı görünce hemen baş köşede bir yer gösterirler. Yemeklerin en lezzetlilerini Hoca'ya getirirler. Hoca Efendi bu hale dayanamaz. Kürkünün eteğini eline alır güzel yemeklere:
– Ye kürküm, ye! Bunlar hep senin için, diyerek batırmaya başlar. Oradakiler durumu kavrayamazlar ve Hoca'ya niçin böyle yaptığını sorarlar. Hoca: – Siz insanlara değer vermiyorsunuz, sırtlarındaki giysilere değer veriyorsunuz, der.

(Nasreddin Hoca'dan)

Erläuterungen

16 B

1. Das r-Präsens (Verneinung, Frage)

Bereits in Lektion 8 haben wir das r-Präsens kennengelernt, dort jedoch ohne Verneinung. Was für die Anwendung des bejahten r-Präsens gilt, trifft auch für die häufig gebrauchte Zeitform des verneinten r-Präsens zu.

a) Hiç kimse Hoca'ya rağbet et**mez**. **Überhaupt niemand** begrüßt den Hoca. (... zeigt Interesse an ...)
Bu tanınmış misafiri hiç kimse tanı**maz**. **Überhaupt niemand** erkannte den (sonst) bekannten Gast.

Ausgangspunkt für die formale Bildung dieser Verbform ist der Infinitiv in der verneinten Form:

rağbet et**me**mek **kein** Interesse haben an, **nicht** begrüßen
tanı**ma**mak **nicht** kennen, **nicht** erkennen

Bei der Verbform der 3. Pers. Singular wird nur ein **z** an den Verbstamm angefügt, so daß die Suffixe **-mez** und **-maz** entstehen.

Bei der Konjugation wird die kleine Vokalharmonie angewandt. Die Übersicht zeigt die möglichen Suffixe aller Personen:

(ben)	git**mem**	*ich gehe nicht*	yap**mam**	*ich mache nicht*
(sen)	git**mezsin**	*usw.*	yap**mazsın**	*usw.*
(o)	git**mez**		yap**maz**	
(biz)	git**meyiz**		yap**mayız**	
(siz)	git**mezsiniz**		yap**mazsınız**	
(onlar)	git**mezler**		yap**mazlar**	

Ein bekannter Ausruf ist: **olmaz** *unmöglich!, ausgeschlossen!*

Das **Passiv** des verneinten Präsens wird häufig bei Hinweisen oder Verboten angewandt:

geçil**mez**	*kein Durchgang*
sigara içil**mez**	*Rauchen verboten*
pazarlık yapıl**maz**	*kein Handeln, „feste Preise“*
bahşiş veril**mez**	*kein Trinkgeld*
çiçek koparıl**maz**	*Blumenpflücken verboten*
bu su içil**mez**	*kein Trinkwasser*

b)

gel**mez** miyim?	– misin?	– mi?	*komme ich nicht?*
– miyiz?	– misiniz?		*usw.*
gel**mezler** mi?			
al**maz** mıyım?	– mısın?	– mı?	*nehme ich nicht?*
– mıyız?	– mısınız?		*usw.*
al**mazlar** mı?			

Die **verneinte Frage** ist durchweg durch die Suffixe **-mez** oder **-maz** gekennzeichnet.

2. Die Möglichkeitsform (Verneinung)

a) Die Verbform des „Nichtkönnens“ weicht im Türkischen gegenüber dem „Können“ (s. Lektion 11) ganz deutlich ab. Statt des bejahten Infinitivs **görebilmek** oder **yapabilmek** lautet der verneinte Infinitiv:

gör**eme**mek (*nicht sehen können*) oder yap**ama**mak (*nicht machen können*).

Bei vokalischer Endung des Verbstammes wird wie bei der Bejahung ein **y** eingeschoben:

anla**yama**mak	*nicht verstehen können*
söyle**yeme**mek	*nicht sagen können*

b) Die Endungen bei den verschiedenen Personen entsprechen denen des verneinten Präsens. Der Unterschied liegt also nur in dem Übergangsvokal **-e**, **-a** bzw. **-ye**, **-ya**.

(ben)	gör**emem**	(biz)	yaz**ama**yız
(sen)	gül**emez**sin	(siz)	dayan**amaz**sınız
(o)	dur**amaz**	(onlar)	kavra**yamaz**lar

Es lassen sich alle Zeitformen in der Möglichkeitsform ausdrücken, z.B.

o oku**yamıyor**, ben bekl**eyemedim** ...

c) In der Umgangssprache haben bestimmte Zeitformen eine spezielle Bedeutung:

Biz çok zamandan beri görüş**emedik.**

wörtlich: **Wir konnten uns** seit langer Zeit **nicht sprechen.**

bessere Übersetzung:

Leider haben wir uns seit langer Zeit nicht gesehen.

İçeri giril**emez**!

wörtlich: Es **kann nicht eingetreten werden**

bessere Übersetzung: Eintritt verboten!

3. Das Suffix -ince (Verbaladverb)

Mit dem Suffix **-ince (-ınca, -ünce, -unca)** lernen wir eine weitere Form eines Verbaladverbs kennen (s. Lektion 8).

Oradakiler Hoca'yı gör**ünce** ... **Als** die Anwesenden den Hoca sahen, ...

Hal böyle ol**unca** ... **Nachdem** das so war, ...

Diese Form drückt ein zeitliches Geschehen aus, das im Deutschen einem temporalen Nebensatz entspricht, der mit „sobald als, als, nachdem" oder „wenn" (aber nicht als Bedingung) eingeleitet wird.

tanı**yınca**, yağmur yağma**yınca**, oku**yunca**

Nach vokalisch auslautenden Verbstämmen und bei der Verneinung steht ein **y** zwischen den beiden Vokalen.

1. Analysieren Sie die folgenden Verbformen:

açılmaz	bildiririz
güler	dönülmez
çıkabilir miyim?	yağmur yağardı
sorun!	veremem
soramayız	sustuk
bildir!	alamaz mı?

2. Hoca evde durdu. *Der Hoca blieb zu Hause.* – Hoca evde dur**ma**dı. *Der Hoca blieb nicht zu Hause.*
Girebilir miyim? *Kann (Darf) ich eintreten?* – Giremez miyim? *Kann (Darf) ich nicht eintreten?*

Setzen Sie, wie oben gezeigt, die bejahten Sätze in die verneinte Form bzw. umgekehrt und übersetzen Sie:

a) Hoca batırmaya başlar.
b) Bugün evimize gelemeyiz.
c) Yazın her pazar adalara gideriz.
d) Ankara yolundan Eskişehir görünmez.
e) Bu çarşıda pazarlık yapılabilir.
f) Ben Fransızca bilmem.
g) Türk yemeklerini sevmez misin?
h) Bizi anlayabilir misiniz?

3. Was Tiere können und nicht können:

a) Kuşların çoğu ..... fakat ..... (*uçmak, yüzmek*)
b) Sincap ağaçlara .... fakat ..... (*tırmanmak, uçmak*)
c) Köpekler ..... fakat ..... (*havlamak, şarkı söylemek*)
d) Kedi fareleri ..... fakat kirpileri ..... (*tutmak, tutmak*)
e) Eşek çok yük ..... fakat ..... (*taşımak, çift sürmek*)

4. Übersetzen Sie:

a) Sobald Sie müde sind, halten Sie an!
b) Sobald es regnet, kehren wir nach Hause zurück.
c) Wenn du aus dem Zug steigst, vergiß nicht deinen Hut!
d) Seit einem Jahr haben sich die Freunde leider nicht sehen können.
e) In der Türkei wächst Tee; dort wächst aber kein Kaffee.

5. Aus dem Verkehr: *Übertragen Sie die Ausdrücke in die im Deutschen üblichen Formulierungen:*

Taşıt geçemez!	Sola dönülmez!
Park yapılmaz!	Tek istikamet (*od.* yön)
Korna (Klakson) çalınmaz!	Mecburi istikamet (*od.* yön)
Çıkmaz sokak	Dur!
Sağa dönülmez!	Tehlikeli viraj

Vokabeln

baş	Kopf
baş köşesi	Ehrenplatz
batırmak	versenken; eintauchen
dayanmak	sich anlehnen; *hier:* ertragen
değer [de:–]	wert, der Wert
dolu	voll
durum	Situation
etek	Saum (*eines Kleidungsstückes*)
(Hoca) geldiğini	(sein Gekommensein =) . . . daß er gekommen war
giymek	anziehen
giysi	Kleidungsstück
kavramak	ergreifen; *hier:* begreifen
kürk	Pelz
Nasreddin Hoca	(*türk.*) *etwa:* Till Eulenspiegel
oradaki	der Anwesende
rağbet etmek	Interesse haben für; *hier:* begrüßen
sefer	Mal
bu sefer	diesmal
sezdirmek	jemanden etwas merken lassen
sırt	Rücken; Körper
tanınmış	bekannt, berühmt
tıklım tıklım dolu	gesteckt voll
niçin böyle yaptığını	warum er dies gemacht habe

Erläuterungen und Übungen:

bahşiş	Trinkgeld
çalmak	schlagen; (*Hupe*) in Tätigkeit setzen
çift sürmek	pflügen
Eskişehir	*Stadt in Anatolien*
fare	Maus
Fransızca	französisch
havlamak	bellen
istikamet = **yön**	Richtung
kirpi	Igel
koparmak	pflücken
korna (klakson)	Autohupe
mecburi	gezwungen, vorgeschrieben
sağ	rechts
sincap	Eichhörnchen
sokak	Straße, Gasse
sol	links
taşımak	tragen
tehlikeli	gefährlich
tırmanmak	hinaufklettern
uçmak	fliegen
viraj	Kurve
'yazın	im Sommer

17. Lektion

Zıt Anlamlar 17 A

Türkçe öğrenmek zor değil, kolaydır.
Türkçe öğrenmek, Arapçadan daha kolaydır.
Ağır yük ile hafif yük, terazi ile kıyaslanır.
Bir metre küp demir, bir metre küp odundan daha ağırdır.
Bir kilo pamuk, bir kilo demir kadar ağırdır.
Siyah yün kara koyundan, beyaz yün ak koyundan, alınır.
Karadeniz Akdeniz'den daha küçüktür.
Herkesin tatlı ve acı hatıraları vardır.
Erken kalk, işe geç kalma!
Bülent Bey buraya en erken geldi, Avni Bey ise çok geç kaldı.
Kışın havalar soğuk, yazın ise sıcak olur.
Yazın İzmir'de hava sıcak, Antalya'da daha sıcak, Adana'da ise daha çok sıcaktır.
Bakırın ve halının eskisi, elbisenin ise yenisi daha kıymetli olur.
Gençlik ihtiyarlığın babasıdır.
İyi insan iyilik, kötü insan ise kötülük yapar.
Her zaman yükseklerden uçma, bazen de alçaklara in!
Kütüphaneye giriş ve çıkış çok sessiz olmalı.
Bazı memleketlerde giyecekler çok pahalı, fakat yiyecekler ise ucuzdur.
Türkler genellikle alkollü içki içmezler, alkolsüz içki içerler.
Salatalar tuzlu, fakat tatlılar tuzsuz hazırlanırlar.
Bazı insanlar dinsiz, bazıları ise çok dindardırlar.
Köylü üretir, şehirli tüketir
Kahve ister misiniz? Şekerli mi istersiniz, şekersiz mi?
Türkiye'de yazın gökyüzü masmavidir.
Güneş batarken genellikle kıpkırmızı bir renk alır.
İlkbaharda çayırlar yemyeşildir, sonbaharda ise sapsarı olurlar.

Erläuterungen 17 B

1. Wörter und Begriffe mit gegensätzlicher Bedeutung

Für den Lernenden einer Fremdsprache ist es nützlich, sich von Wörtern und Begriffen die gegensätzliche Bedeutung einzuprägen. Es soll im folgenden auf einige Charakteristika der türkischen Sprache zu diesem Thema eingegangen werden.

a) Differenzierung gegenüber dem Deutschen:

Beispiel 1:

„*schwer – leicht*“ bedeuten im Deutschen sowohl gewichtsmäßige als auch geistige Eigenschaften.
Im Türkischen:

schwer **ağır**	– *leicht* **hafif** (an Gewicht)
schwer **zor** oder **güç**	– *leicht* **kolay** (an geistigem Aufwand)

Beispiel 2:

alt **eski**	–	*neu, jung*	**yeni**	(von Sachen)
alt **ihtiyar, yaşlı**	–	*jung*	**genç, küçük**	(von Lebewesen)
alt **bayat**	–	*neu, frisch*	**taze**	(z. B. bei Backwaren)

Die Vielfalt der Wortangebote in einem Wörterbuch erschwert vom Deutschen aus die treffende Wahl. Eine Überprüfung des gewählten Wortes im türkisch-deutschen Wörterbuch hilft hier meist weiter. Oft ist auch ein Verweis: ... *im Gegensatz zu* ... beigefügt.

b) gekoppelte Begriffe:

Im Türkischen gibt es z. B. für *weiß* und *schwarz* die Wortpaare:
ak – kara und **beyaz – siyah**.

Mit **Ak**deniz *Mittelmeer* und **Kara**deniz *Schwarzes Meer* werden z. B. zwei geographische Begriffe in der Gegenüberstellung bezeichnet.

Beyaz und **siyah** werden vorwiegend bei Farbbenennungen gebraucht (**beyaz** leylek, **siyah** leylek **Weiß**storch und **Schwarz**storch).

Dagegen bedeuten **ak** soviel wie *weiß*, *rein*, *sauber* und **kara** *schwarz*, *dunkel*, *finster*. Schließlich werden **ak** und **kara** auch im übertragenen Sinn als *rein*, *unbefleckt* und *bildungsfähig* bzw. als *übel*, *böse*, *ohne Schulbildung* gebraucht. Eine Redewendung bringt das zum Ausdruck:

akı karayı seçememek wörtlich: *weiß und schwarz nicht wählen können*, d. h. *noch keinen Verstand besitzen*

c) Substantive als Gegensätze

eski	*das Alte*	**yeni**	*das Neue*
fakir	*der Arme*	**zengin**	*der Reiche*

Adjektive können direkt substantivisch gebraucht werden, z. T. mit übertragener Bedeutung.

genç**lik**	*Jugend*	ihtiyar**lık**	*Alter*
iyi**lik**	*guter Zustand, Hilfe*	kötü**lük**	*schlechter Zustand, üble Tat*

Die Substantivbildung durch das Suffix **-lik** ist uns bereits bekannt (Lektion 14).

girmek – çıkmak	gir**iş** *Eingang*	çık**ış** *Ausgang*
almak – satmak	al**ış** *Einkauf*	sat**ış** *Verkauf*

Eine andere Art der Substantivierung eines Verbes wird durch das Suffix **-iş (-ış, -üş, -uş)** möglich.

d) Gegensätze „mit etwas" und „ohne etwas"

şeker**li**	– şeker**siz**	*mit Zucker – ohne Zucker*
tat**lı**	– tat**sız**	*schmackhaft* (auch *süß*) – *geschmacklos*
alkol**lu** (auch alkol**lü**)	– alkol**suz**	*mit – ohne Alkohol*
tuz**lu**	– tuz**suz**	*mit – ohne Salz*

Die Suffixe **-li** und **-siz** (große Vokalharmonie) an Substantiven drücken als Eigenschaftswort aus, daß etwas „mit" bzw. „ohne" diese Sache besteht.

2. Weitere Bedeutungen des Suffixes -li

İstanbul**lu**	*der Istanbuler*
Berlin**li**	*der Berliner*
köy**lü**	*der Dorfbewohner, ein Mensch vom Lande*

Das Suffix **-li** an Eigennamen oder Ortsbezeichnungen bringt die Herkunft einer Person zum Ausdruck.

Darüber hinaus hat die Endung **-li** oft spezielle Bedeutung:

ev	*das Haus*	**evli**	*verheiratet*
çeşit	*die Art*	**çeşitli**	*verschiedenartig*
yer	*der Platz*	**yerli**	*einheimisch, der Hiesige*
gönül	*das Herz*	**gönüllü**	*freiwillig*

3. Die Steigerung

küçük *klein* – **daha** küçük klein**er** – **en** küçük **am** klein**sten**

a) Für Adjektive und Adverbien wird der Komparativ durch **daha**, der Superlativ durch **en** gebildet.

b) Pamuk kuru ot**tan** daha hafiftir.
Baumwolle ist leichter **als** Heu.

Um „*als*“ nach dem Komparativ auszudrücken, steht das zu Vergleichende im Ablativ.

c) Bir kilo pamuk bir kilo demir **kadar** ağırdır.
Ein Kilo Baumwolle ist **ebenso** schwer **wie** ein Kilo Eisen.

Um in einem Vergleich „*ebenso wie*“ auszudrücken, steht **kadar** mit dem Nominativ.

d) Gök **masma**vidir, güneş **kıpkı**rmızıdır.
Der Himmel ist **strahlendblau**, die Sonne ist **feuerrot**.

Ein besonders einprägsamer Superlativ wird im Türkischen durch Lautmalerei geschaffen. Formal wird das durch Verdoppelung der ersten Silbe + **m**, **p**, **s** oder **r** erreicht.

Übungen 17 C

1. Halı masadan daha eskidir. Masa yenidir.
Der Teppich ist älter als der Tisch. Der Tisch ist neu.

Bilden Sie in gleicher Weise Sätze und übersetzen Sie:

a) Murat, arkadaşı, ihtiyar
b) Deniz yolu Bursa'ya, araba yolu, kısa
c) Atatürk Bulvarı, Bostan Sokağı, geniş
d) Karadeniz, Akdeniz, soğuk
e) kemikler, kıkırdaklar, ağır

2. Peynirlerin en iyisi beyaz peynirdir.
Weißkäse ist der beste (der Käsesorten).

Stellen Sie im gleichen Sinne Vergleiche an und übersetzen Sie.

Folgende Wörter werden vorgeschlagen:
ilk bahar, Ağrıdağı, rakı, altın

a) en güzel mevsim
b) Türkiye'nin en yüksek dağı
c) en meşhur Türk içkisi
d) en kıymetli maden

3. Übersetzen Sie:

a) Köfteyi ben biberli severim, fakat hanımım bibersiz sever.
b) Işıklı odada kendimi neşeli, ışıksız odada ise neşesiz hissediyorum.

c) İyi sular renksiz ve kokusuzdur, fakat pis sular renkli ve kokuludur.
d) Akıllı düşman akılsız dosttan yeğdir.
e) Bazı insanlar gönüllü askere yazılıp harbe giderler.

4. Leiten Sie ab und übersetzen Sie:

a) *von Verben:* kalkış – varış, geliş – gidiş, iniş – biniş.
b) *von Adjektiven:* bembeyaz, yemyeşil, yepyeni.
c) *von Substantiven:* Münihli, Viyanalı, Osmanlı, geceli gündüzlü, ipekli, köşeli.

Vokabeln

acı	bitter, traurig
Adana	*Stadt in Anatolien*
ak	weiß
Akdeniz	Mittelmeer
'alçak	niedrig
alkol	Alkohol
anlam	Sinn, Bedeutung
Antalya	*Stadt in Anatolien*
Arapça	arabisch
Avni	*männl. Vorname*
bakır	Kupfer
batmak	untergehen
'bazen	manchmal, zuweilen
bazı	einige, manche
çayır	Wiese
çıkış	Ausgang
dindar	religiös
dinsiz	religionslos
eski	alt
giyecek	Bekleidung
hatıra [ha:–]	Erinnerung
herkes	jeder
kara	schwarz
Karadeniz	Schwarzes Meer
kıpkırmızı	tiefrot, feuerrot
kıyaslanmak	verglichen werden
kıymetli	wertvoll
kilo	Kilogramm
koyun	Schaf
köylü	Bauer, Dorfbewohner
kütüphane [–ha:–, h *kaum wahrnehmbar*]	Bibliothek
metre küb	Kubikmeter
odun	Holz
olmalı	er (sie, es) muß sein (werden)
pahalı	teuer
pamuk	Baumwolle
sapsarı	tiefgelb, fahl
siyah	schwarz
sonbahar	Herbst
şeker	Zucker
tatlı	süß, schmackhaft
terazi	Waage
tüketmek	verbrauchen
üretmek	erzeugen, produzieren
yemyeşil	grasgrün
yün	(Schaf-)Wolle
zıt	Gegensatz, entgegengesetzt

Erläuterungen und Übungen:

akıl	Vernunft, Verstand
altın	Gold
asker	Soldat
bayat	altbacken
bi'ber	Paprika
bulvar	Boulevard
düşman	Feind
gönül	Herz, Gefühl
harp	Krieg
ipek	Seide
kemik	Knochen
kıkırdak	Knorpel
kısa	kurz
koku	Geruch
köfte	Fleischklößchen
leylek	Storch
maden	Mineral
mevsim	Jahreszeit
Münih	München
neşe	Fröhlichkeit
Osmanlı	Osmane
ot	Gras
peynir	Käse
pis	schmutzig
Viyana	Wien
yazılıp	*hier* = yazılarlar
yeğ	den Vorzug verdienend, besser

18. Lektion

Bankada **18 A**

Şayet yanınızda Euroçekiniz ya da yabancı paranız varsa, bankaya gider orada değiştirirsiniz. Bankada bir hesap açtırırsınız. Banka memuru ile aranızda geçecek konuşma aşağı yukarı şöyle olacaktır.

– İyi günler beyefendi. Ben bir çek bozdurmak istiyorum.

– Şayet Euroçekse bozarız, öbür türlü çekler bankamızda geçmez beyefendi.

– Memur bey bendeki çek Euroçektir, işte burada.

– Tamam beyefendi, lütfen bir az bekleyiniz, işlemleri yapılsın.

– Memur bey, şayet bana Almanya'dan para gelirse, bankanızdan bu parayı alabilir miyim? Almanya'daki hesabımdan bankanıza para aktarabilir miyim?

– Tabiî, eğer siz bankamızda bir hesap açtırmışsanız, o hesabınıza Almanya'dan paranız gelir ve istediğiniz zaman, istediğiniz kadar hesabınızdan para alabilirsiniz.

– Ben burada açtırdığım hesabımda artan parayı, tekrar Almanya'ya geri gönderebilir miyim?

– Tabiî, eğer bu hesabınız DM hesabı ise artan paranızı DM olarak geri gönderebilirsiniz.

– O, o . . ., çok iyi, öyle ise ben bir DM hesabı açtırmak istiyorum memur bey.

– Buyurunuz şu formülerleri doldurunuz ve alt tarafını imzalayınız. Böylece bankamızda bir DM hesabı açtırmış oluyorsunuz.

– Teşekkür ederim memur bey, size iyi günler ve işlerinizde başarılar dilerim.

– Güle güle beyefendi, bende size iyi seyahatler dilerim.

Erläuterungen **18 B**

1. Bedingungssätze — die wirkliche Bedingungsform

a) In den Texten waren bisher weitgehend nur einfache Hauptsätze zu finden. Wie Haupt- und Nebensätze zu verbinden, also Satzgefüge zu bilden sind, gehört zu den charakteristischen Unterschieden des Türkischen zur deutschen Sprache (s. Lekt. 20–30).

Wir beginnen hier mit den Bedingungssätzen, deren Konstruktion eine gewisse Ähnlichkeit mit dem Deutschen hat.

b) Öyle **ise** ben bir DM hesabı açtırmak istiyorum.
Wenn das so **ist**, möchte ich ein DM-Konto eröffnen lassen.

Sıhhatlenir **isem** yavaş yavaş çalışırım.
Wenn ich gesund (geworden) **bin**, arbeite ich sehr langsam.

Die Bedingungsform des Hilfszeitworts „sein" heißt in der 3. Pers. Singular **ise** = *wenn er* (*sie*, *es*) *ist*. Die übrigen Personen haben entsprechende Endungen:

is**em**	*wenn ich bin*	is**ek**	*wenn wir sind*
is**en**	*wenn du bist*	is**eniz**	*wenn ihr seid, wenn Sie sind*
ise	*wenn er, sie, es ist*	is**eler**	*wenn sie sind*

Hâlâ evde değil**sem** lütfen bekleyin.
Wenn ich noch **nicht** zu Hause **bin**, warten Sie bitte.

Yanınızda bozuk paranız var**sa** lütfen bana on lira veriniz.
Wenn Sie Kleingeld bei sich **haben**, geben Sie mir bitte 10 Lira.

Wie in anderen Fällen kann das Wort, das die Bedingungsform ausdrückt, unter Wegfall von **i** als Suffix **-se-** bzw. **-sa-** auftreten. Und das ist die Basis für die vielseitige Verwendung der Bedingungsform.

c) Bankada hesap açtır**mazsanız** bankaya paranız gelmez.
Wenn Sie bei der Bank kein Konto eröffnen lassen, kommt Ihr Geld nicht zur Bank.

Şayet bana Almanya'dan para gel**irse** bankanızdan bu parayı alabilir miyim?
Wenn Geld aus Deutschland an mich ankommt, kann ich (*dann*) *dieses Geld von Ihrer Bank erhalten?*

Küçük kardeşin uy**uyorsa** dokunma!
Wenn dein kleiner Bruder schläft, störe nicht!

Die Bedingungsform kann grundsätzlich bei allen Personen und in allen Zeitformen einschließlich der Verneinung verwendet werden. An die entsprechende Verbform der 3. Pers. Singular bzw. Plural wird das Suffix der Bedingungsform mit der betreffenden Personalendung angefügt:

yor-Präsens	ben geli**yorsam**	*wenn ich* (*gerade*) *komme*
	biz git**miyorsak**	*wenn wir* (*gerade*) *nicht gehen*

r-Präsens	sen al**ırsan** o yardım et**mezse**	*wenn du kaufst* *wenn er nicht hilft*
di-Vergangenheit	siz ver**diyseniz** onlar gör**dülerse**	*wenn Sie gegeben haben* *wenn sie gesehen haben*
miş-Vergangenheit (s. Lekt. 23)	siz açtır**mışsanız**	*wenn Sie haben eröffnen lassen*

Die Bedingungsform ist auch in Wunschsätzen (Lekt. 19) und beim Futur (Lekt. 21) anwendbar.

d) Ebenso wichtig wie die formale Ableitung ist die Frage der Anwendung dieser Formen.

In Bedingungssätzen, die Ereignisse der **Gegenwart** betreffen, verwendet man vorrangig das **2. Präsens**, für die **Vergangenheit** häufig die Formbildung mit **-miş.**

Beispielsätze:

Çabuk gidersek az görürüz.
Wenn wir schnell fahren, sehen wir wenig (= werden wir wenig sehen).

Eğer haberinizi almışsam, kuşetli yer ayırtırım.
Wenn ich Ihre Nachricht erhalten habe, bestelle ich die Liegewagenkarte.

Şayet konuları okumuşsanız, soruları cevaplandırabilirsiniz.
Wenn Sie die Texte gelesen haben, können Sie die Fragen beantworten.

Den deutschen Konjunktionen „wenn, falls" entsprechend, werden häufig auch **eğer** und **şayet** an den Anfang des Bedingungssatzes gestellt, wodurch eine Verstärkung erreicht wird.

2. Der unwirkliche (irreale) Bedingungssatz

Zengin ol**sam** Avustralya'ya giderim.
Wenn ich reich **wäre**, würde ich nach Australien fahren.

Hayvanların da klorofili ol**sa** bitkiler gibi beslenirler.
Wenn die Tiere auch Chlorophyll **besäßen**, würden sie sich wie Pflanzen ernähren.

Wie die beiden Beispielsätze zeigen, kann das Suffix für die Bedingungsform auch unmittelbar an den Verbstamm angefügt werden. Damit drückt man eine unwirkliche Bedingung aus, d. h. eine **Annahme**, **Hypothese** oder **Erwartung.**

Çalış**saydı** sıkıntı çekmezdi.
Wenn er gearbeitet **hätte**, hätte er keine Not gelitten.

Will man die unwirkliche Bedingungsform in verschiedenen Zeiten ausdrücken, so fügt man die Zeitsuffixe an; hierbei wird stets ein **y** eingeschoben.

Bei der unwirklichen Bedingungsform erscheint in der deutschen Übersetzung der Konjunktiv (die Möglichkeitsform). Einen dem Deutschen vergleichbaren Konjunktiv gibt es im Türkischen formal nicht; er kommt in der Anwendung verschiedener Verbformen inhaltlich zum Ausdruck.

3. Verben und die dazugehörigen veranlassenden Verben

açmak	– aç**tır**mak	öffnen	– (**er**)öffnen **lassen**
değişmek	– değiş**tir**mek	wechseln	– wechseln **lassen**, **um**wechseln

Während im Deutschen die Bedeutung vieler Verben durch den Zusatz „lassen" verändert werden kann, geschieht das im Türkischen durch eine Erweiterungssilbe im Verb.

Drei wichtige Bildungsformen sind (allerdings ohne feste Regel):

a) **Erweiterungssilbe -dir . . ., -tir . . .** (große Vokalharmonie):

yazmak – yaz**dır**mak
dolmak – dol**dur**mak

b) **Erweiterungsbuchstabe -t-** (oft bei vokalisch auslautenden Verbstämmen):

hatırlamak – hatırla**t**mak
okumak – oku**t**mak
öğrenmek – öğre**t**mek (Wegfall des **n**)

c) **Erweiterungssilbe -ir . . .** (große Vokalharmonie):

geçmek – geç**ir**mek *verbringen*
bitmek – bit**ir**mek *enden lassen, beenden*
kaçmak – kaç**ır**mak *fliehen lassen, entführen*

Die neu gebildeten Verben haben oft weiterführende Bedeutung, was besonders beachtet werden muß.

1. Ergänzen Sie die Bedingungsform des Verbs in folgenden Sätzen und übersetzen Sie (Infinitiv in Klammern):

a) Müşterinin Euroçeki . . . . ., banka bozar. (*olmak*)
b) Almanya'daki hesabınızdan bankamıza para . . . . ., bizden para alabilirsiniz. (*aktarmak*)
c) Eğer sizin paranız . . . . ., Almanya'ya geri gönderebilirsiniz. (*artmak*)
d) Eğer bu formüleri . . . . ., hesap açtırmış olursunuz. (*imzalamak*)
e) Biz paramızı bankada . . . . ., faiz alırız. (*bırakmak*)
f) Şayet siz . . . . ., güzel, antika bir şey buluruz. (*acele etmemek*)

2. Ergänzen Sie die folgenden Sätze (Vorschläge in Klammern):

a) Vaktiniz varsa . . . . (*ziyaret etmek*).
b) Hava güzel olursa . . . . (*gezmeye gitmek*).
c) Eğer bize yardım ederseniz . . . . (*memnun olmak*).
d) Şayet bana haber verirseniz . . . . (*gelmek*).
e) Sorumu anlamadınızsa . . . . . (*tekrarlamak*).

3. Unterscheiden Sie durch entsprechende Übersetzung:

a) Ben daha genç olsaydım, yaya giderdim.
Ben sıhhatli olursam, bu sene seyahat ederim.
b) Eğer bir gün 48 saat olsaydı, birisi daha çok çalışır diğeri ise daha çok uyurdu.
Bu konferans akşama kadar sürüp giderse, ben eve haber vereyim.
c) Çay bahçelerine her gün yağmur yağmazsa, çay ürünü iyi yetişmez.
Bugün yağmur yağmazsa, ben birkaç kilometre yürüyebilirim.

4. Leiten Sie folgende Verben (der Veranlassung) auf die ursprünglichen Verben zurück und versuchen Sie die Bedeutung zu erklären:

ayırtmak, aldırmak, bildirmek, bağırtmak, durdurmak, dinletmek, içirmek, imzalatmak, karıştırmak, susturmak, taşırmak, unutturmak.

Vokabeln

açtırmak	eröffnen (lassen)
açtırdığım hesap	das Konto, das ich habe eröffnen lassen
açtırmış oluyorsunuz	sie haben (tatsächlich) eröffnet
aktarmak	übermitteln, überweisen
artmak	sich vermehren; *hier:* übrigbleiben
artan para	verbleibender Geldbetrag (Überschuß)
aşağı yukarı	etwa, ungefähr
banka	Bank
başarı	Erfolg
bozdurmak	*hier:* einlösen
böylece	so, auf diese Weise
çek	Scheck
değiştirmek	wechseln, umwechseln
doldurmak	füllen, ausfüllen
eğer	wenn, falls
Euroçek	Euroscheck
formüler	Formular
geçecek konuşma	das Gespräch, das geführt werden wird
hesap açtırmak	Konto eröffnen
imzalamak	unterschreiben
istediğiniz zaman, istediğiniz kadar	wann und wieviel Sie wünschen
işlem	Formalität, Abfertigung
olacaktır	er (sie, es) wird werden
ta'mam	fertig, in Ordnung
yapılsın	*hier:* (die Formalitäten) werden erledigt (*s. Lekt. 19*)

Erläuterungen und Übungen:

acele etmek	es eilig haben
beslenmek	sich ernähren
bitki	Pflanze
bitmek	beenden
cevaplandırmak	beantworten
diğer	der andere (Teil)
dokunmak	stören
faiz	Zinsen
kaçmak	fliehen
kilometre	Kilometer
klorofil	Chlorophyll
konu	Thema; Text
sıhhat	Gesundheit
sıkıntı	Unbehagen
sıkıntı çekmek	Not leiden
soru	Frage
sürüp gitmek	andauern, sich hinziehen
uyumak	schlafen
ürün	Erzeugnis, Ernte
yardım	Hilfe

19. Lektion

Doktorda

19 A

– Kardeşim Lâle! Bugün kendimi hiç iyi hissetmiyorum. Doktora gidip bir muayene olayım.

– Geçmiş olsun, arkadaşım. Bu işi acele yapalım, sonra hastalığın ilerler. Biz önce bizim Doktor Çalışkan'a telefon edip bir randevu alalım. Doktor beye derdini güzel bir anlatalım. Bu işe ne dersin?

– Yardımın için teşekkür ederim. Sen acele bir randevu almaya bak. Hemen bir telefon et!

Doktora telefon:

– Orası Dr. Çalışkan'ın muayene hanesi mi, efendim?

– Evet, efendim.

– Arkadaşım çok hasta. Doktor beyin zamanı var mı? Ne zaman gelelim?

– Geçmiş olsun. Mademki arkadaşınız çok hasta acele gelin. Doktor bey ona hemen yardım etsin.

– Doktorun hemşiresi acele gelmemizi söylüyor.

– Öyle ise, sen hemen bir taksi çağır.

Doktorun bekleme odasında:

– O, o ... burası Doktorun bekleme odası mı? Ne kadar kalabalık anababa günü gibi. Acaba bize sıra ne zaman gelir? Belki de saatlerce beklememiz gerekir.

– Merak etme biz randevu aldık.

Doktorun muayene odasında:

– İyi günler, hanımefendi, geçmiş olsun neyiniz var?

– Bir kaç gündür kendimi hiç iyi hissetmiyorum.

– Ateşiniz var mı?

– Evet, ateşim ve ishalim var. Çok da dermansızım.

– Lütfen belinizden üst tarafını soyunuz. Şu sediyenin üstüne yatınız. Lütfen derin nefes alınız!

– Tehlikeli bir hastalık mı, Doktor bey?

– Hayır, pek önemli değil. Bu tip hastalıklar iklim değişikliğinden olurlar. Biraz istirahat edip dinlenmeniz gerekir. Lütfen bu arada şu reçetedeki yazılı ilaçları da kullanınız.

– Teşekkür ederim, Doktor bey. Allaha ısmarladık.

– Güle, güle. Tekrar geçmiş olsun, efendim. Yol üzerinde bir eczaneye uğrayıp ilâçları almayı unutmayınız.

Erläuterungen **19 B**

1. Die Wunschform

a) Um im Deutschen einen Wunsch oder eine Aufforderung auszudrücken, verwendet man im allgemeinen z.B. die Formulierung „*ich möchte sehen*" oder „*er möge kommen*". Es besteht inhaltlich ein gleitender Übergang zu der Aufforderung „*er soll kommen*", d.h. zum Imperativ (Lekt. 7). Dieser Tatsache trägt die moderne türkische Umgangssprache auch Rechnung, indem sie die Wunsch-

und Befehlsform für die verschiedenen Personen verzahnt (s. Konjugation). Nicht zuletzt nimmt bei der Neigung zu betont höflichen Umgangsformen im Türkischen eine Befehlsform in der Regel den Charakter einer Wunschform an.

b) Bir muayene ol**ayım**.
Ich **möchte** mich untersuchen lassen.

Bekle**yeyim** mi?
Soll ich warten?

Ne zaman gel**elim**?
Wann **wollen (sollen)** wir kommen?

Echte Wunschformen treten noch in der 1. Pers. Singular u. Plural auf. Dabei wird dem Stamm ein **-e-** bzw. **-a-** angefügt (kleine Vokalharmonie). Nach vokalischen Verbstämmen stehen **-ye-** bzw. **-ya-**.

Die 1. Pers. Singular trägt das Suffix **-yim** bzw. **-yım**, die 1. Pers. Plural das Suffix **-lim** bzw. **-lım**. Eine Form wie z.B. **gidelim** kann auch mit „*laßt uns gehen*" übersetzt werden.

c) Doktor bey hemen ona yardım et**sin**.
Der Herr Doktor **soll** ihr (ihm) schnell helfen.

Misafirler beş dakika bekle**sinler**.
Die Gäste **mögen** fünf Minuten warten.

Diese Beispiele geben den Imperativ der 3. Pers. Singular u. Plural wieder. Er wird gebildet durch die Suffixe **-sin(ler)**, **-sın(lar)**, **-sün(ler)**, **-sun(lar)**.

Die Imperative der 2. Pers. Singular u. Plural sind uns hinreichend bekannt (Lekt. 7), so daß sich zusammenfassend folgende Konjugation ergibt:

gel**eyim**	ich möchte (möge, soll) kommen
gel	komm!, du sollst kommen
gel**sin**	er, sie, es möchte (möge, soll) kommen
gel**elim**	kommen wir!, laßt uns kommen!
gel**in(iz)**	kommt!, kommen Sie!
gel**sinler**	sie möchten (mögen, sollen) kommen

d) ben git**me**yeyim ich soll **nicht** gehen
cevap ver**me**yelim laßt uns **keine** Antwort geben

Bei der **Verneinung** wird wie bei vokalisch endenden Verbstämmen verfahren.

2. Redewendungen mit der Wunsch(Befehls-)form der 3. Pers. Singular

In Lektion 12 haben wir in einigen Beispielen bereits diese grammatikalische Form aufgenommen. Sie erfährt nun Verdeutlichung und Erweiterung in zahlreichen Redewendungen, z.B.

geçmiş olsun	es sei vorüber, gute Besserung!
afiyet olsun	guten Appetit!
bayramınız kutlu olsun	Ihr Feiertag möge glücklich sein, frohe Feiertage!
Allah versin	Gott möge (Hilfe) geben! (*Ausspruch, um Bettler abzuwehren*)
Allah rahatlık versin	Gott möge Ruhe geben, angenehme Ruhe!
Allah ömürler versin	Gott gebe (Ihnen) ein langes Leben! (*als Gruß und Dank*)
kolay gelsin	möge (Ihnen) die Arbeit leicht fallen! (*Ausspruch, wenn man jemanden arbeiten sieht*)
kalsın	lassen Sie das nur! (*im Sinne:* es ist gar nicht so wichtig)
ona bir şey olmasın	es möge ihm nichts passieren!
akşamlarınız hayırlı olsun	einen recht schönen Abend!
sıhhatler olsun	mit Gesundheit, wohl bekomm's! (*Wunsch nach dem türk. Bad oder nach dem Haarschneiden*)

3. Das Verbaladverb mit dem Suffix -ip

In den Lektionen 8 und 16 haben wir die Verbaladverbien mit ihren Suffixen **-ken** und **-ince** kennengelernt. Das dort Gesagte über die formale Bildung trifft auch für das Verbaladverb mit **-ip** zu. Dieses Verbaladverb entspricht nach Person und Zeit der folgenden Verbform. Entsprechend der großen Vokalharmonie lauten die Suffixe **-ip**, **-ıp**, **-üp** und **-up**. Nach vokalisch endenden Verbstämmen steht davor ein **y**, z.B. bekleyip.

> Doktora gid**ip** bir muayene olayım.
> *Ich möchte zum Doktor gehen und mich untersuchen lassen.*
> statt: Doktora gideyim **ve** bir muayene olayım.

Die Rückführung des Satzes auf zwei durch **ve** verbundene Hauptsätze zeigt, daß man im Türkischen mit der **-ip**-Form die Aufreihung zweier gleichartiger Verbformen vermeiden kann. Mit dem Suffix **-ip** werden zeitlich aufeinanderfolgende Handlungen zum Ausdruck gebracht (im Gegensatz zum Verbaladverb mit dem Suffix **-erek**, s. Lekt. 21).

Übungen **19 C**

1. Übersetzen Sie:

a) Ich möchte dem Herrn Doktor meinen Kummer erzählen.
b) Laßt uns zu Herrn Dr. Çalışkan gehen.
c) Ihre Schwester möge schnell kommen.
d) Kaufen Sie die Arzneien unterwegs in der Apotheke. Gute Besserung!
e) Ihre Krankheit möge (darf) sich nicht verschlimmern.
f) Laßt uns nach der Krankheit schauen (= die Krankheit behandeln).
g) Jene auf dem Rezept verschriebenen Arzneien mögen Ihnen helfen.

2. Ben yemek satın alayım. *Ich möchte Essen einkaufen.*
Biz yemek satın alalım. *Laßt uns Essen einkaufen.*

Bilden Sie wie oben aus den folgenden Sätzen zwei Sätze in der Wunschform der 1. Pers. Singular u. Plural. Übersetzen Sie.

a) Plaja kadar bir paytonla ..... (*gitmek*).
b) Anadolu gezisine .... (*hazırlanmak*).
c) Bir akşam dut ağacının altında .... (*oturmak*).
d) Arkadaşımın dükkânında ..... (*pazarlık etmemek*).
e) Dükkânda bir çay ..... (*içmek*).
f) Bu konular üzerinde ..... (*düşünmek*).

3. Verbinden Sie jeweils die beiden Sätze durch die Anwendung des Verbaladverbs mit dem Suffix -ip und übersetzen Sie:

a) İki pul alıyorum ve zarfın sağ üst köşesine yapıştırıyorum.
b) Robert Frankfurt'taki Türkiye Turizm Bürosuna yazdı ve broşürleri rica etti.
c) Turgut taksiciyi çağırdı ve fiatı pazarlık etti.
d) Bu pazar lokantaya gidelim ve lezzetli yemekleri yiyelim.
e) Ankara yolunda otobüs yolcuları her iki saate bir inebilir ve dinlenebilirler.

acaba	wohl, denn (*Fragepartikel bei Unsicherheit, Zweifel*)
almayı unutmayınız	vergessen Sie nicht das Kaufen *od.* ... zu kaufen
bekleme odası	Wartezimmer
beklememiz gerekir	wir müssen warten
bel	Taille, Rücken
belinizden üst tarafı	Ihr Oberkörper
belki	vielleicht
değişik [de:–] **lik**	Wechsel, Änderung
derin	tief
dermansız	erschöpft, matt
dert	Kummer, Leiden
dinlenmeniz	Ihr Ausspannen
doktor	Arzt
eczane [cz *wie stimmhaftes* s]	Apotheke
gelmemizi söylüyor	er sagt, daß wir kommen sollen
gerekmek	nötig sein
hane ['ha:–]	Haus; Praxis
hanımefendi	gnädige Frau
hastalık	Krankheit
hemşire	Krankenschwester
iklim	Klima
ilâç	Arznei
ilerlemek	fortschreiten, sich verschlimmern
ishal [l ince]	Durchfall
istirahat etmek	ausruhen, sich erholen
iş	*hier:* Plan
mademki ['ma:–]	solange als; *hier:* nachdem (*kausal*)
muayene	Untersuchung
nefes almak	atmen
reçete	Rezept
sediye	Liegebett
sonra	*hier:* andernfalls
soymak	entkleiden; *auch:* schälen
tip	Typ

Erläuterungen und Übungen:

ömür	Leben, langes, glückliches Leben

20. Lektion

Patlıcan Dolması — 20 A

Vera hanımı ziyaretimiz sırasında hakiki bir Türk yemeğinin yapılmasını öğrendik.

Vera hanım: – Ben sık sık çeşitli yemek yapmayı ve yemeyi çok severim. Bugün sizlere "patlıcan dolması" yapmak istiyorum.

Misafir: – Vera hanım, bu dolmayı nasıl yapacaksınız? Lütfen bir tarif eder misiniz?

Vera hanım: – Tabiî, gayet basit: Altı kişi için patlıcan dolmasının hazırlanması ve pişirilmesi aşağıda anlatacağım gibi yapılır. Aşağı yukarı aynı boyda kalınca altı adet patlıcan almamız, bunları iyice temizlememiz ve soymamız gerekir. Bu temizlenen ve soyulan patlıcanları ortalarından ikiye bölmemiz, ve ayrıca içlerini oymamız uygun olur.

Bu şekilde hazırladığımız patlıcanları bir tavada kızartılmış 50 gr margarinin içerisinde 5–10 dakika parçalamadan kızartmamız lâzımdır. Bu kızartılan patlıcanlar kevgirle yağdan dağıtmadan çıkarılmaya çalışılmalıdır.

Tavada kalan yağda ince ince doğranmış iki baş soğanın hafif sarı bir renk alıncaya kadar kızartılması gereklidir. Bu kızarmış soğanların üstüne 1/8 litre su, 50 gr pirinç ilâve edilmesi ve hafif ateşte on dakika pişmesi iyi olur. Bu haşlanan pirince ateşten aldıktan sonra 500 gr kıyma, bir kahve kaşığı karabiber ve bir tatlı kaşığı tuz ilâve edilerek bunların hepsinin bir arada beş dakika yoğrulması gerekir. Daha sonra kabukları soyulmuş, ince ince doğranmış iki adet domatesin bu yoğrulmuş piyaza iyice karıştırılması uygun olur. Yukarıda anlattığım gibi hazırlanan piyaz, daha evvel kızarttığımız patlıcanların içine sıkıca doldurulur. Bu şekilde hazırlanan patlıcanlar yayvan bir tepsiye yerleştirildikten sonra üzerine 1/2 litre su ve iki tatlı kaşığı tuz ilâve edilerek elli dakika orta ateşte pişirilip sıcak sıcak servis edilebilir.

Erläuterungen 20 B

1. Der substantivierte Infinitiv

a) Im Deutschen ist die Substantivierung des Infinitivs möglich, z.B. in dem Satz „*das Wiederholen festigt das Gelernte*“. Das klingt jedoch schwerfällig, und eine Personifizierung, z.B. „*unser Wiederholen*“, ist nicht gebräuchlich. Im Türkischen dagegen ist die Verwendung des substantivierten Infinitivs gang und gäbe.

Das aus dem **vollständigen** Infinitiv gebildete Substantiv wird deutlich sichtbar, wenn es im Nominativ oder Ablativ steht, z.B.:

yap**mak** gerekir	**das Machen** ist erforderlich; es ist erforderlich, zu machen
gel**mek** istiyorum	ich möchte **das Kommen**; ich möchte kommen
yolda kal**maktan** korkuyor	er fürchtet **das Auf-dem-Weg-bleiben**; er fürchtet, nicht weiter zu können

Die Verwendung dieses Infinitivs tritt aber deutlich zurück gegenüber dem sogenannten **verkürzten** Infinitiv, der durch Wegfall des **k** der Endung **-mek** bzw. **-mak** entsteht.

Nur dieser verkürzte Infinitiv kann in den Plural gesetzt werden, den Genitiv bilden und mit Possessivsuffixen versehen werden.

b) Der verkürzte Infinitiv als feststehendes Substantiv

Viele verkürzte Infinitive sind zu begrifflich feststehenden Substantiven geworden:

dolmak	*voll werden*	– dol**ma**	*eine Speise mit Füllung*
dondurmak	*frieren lassen*	– dondur**ma**	*Speiseeis*
basmak	*drucken*	– bas**ma**	*bedruckter Stoff*
anlaşmak	*sich gegenseitig verstehen*	– anlaş**ma**	*Abkommen*

c) Die Deklination des verkürzten Infinitivs

Ben sık sık çeşitli yemek yapma**yı** ve yeme**yi** severim.
Ich liebe es, immer wieder verschiedene Speisen zuzubereiten und zu essen.

Der verkürzte Infinitiv kann von jedem Verb in Satzkonstruktionen verwendet werden. Dann trägt er die Fallendung, die das regierende Verb oder eine Postposition verlangt, hier etwa **sevmek** mit Akkusativ. Am häufigsten sind die Verben, die den Dativ, Akkusativ oder Ablativ verlangen. In den Wörterbüchern ist das in der Regel vermerkt.

Hier einige Beispiele:

mit Dativ:	dinlenme**ye** başlamak	*das Ausruhen beginnen*
	yardım etme**ye** hazırım	*ich bin zum Helfen bereit*
mit Akkusativ:	fotoğraf çekme**yi** sevmek	*das Fotografieren lieben*
	yazma**yı** unutmamak	*das Schreiben nicht vergessen*
mit Ablativ:	bakmamız**dan** evvel	*bevor wir schauen (konnten)*
	(hier mit Possessivendung, vgl. dazu 2.)	

d) Der verkürzte Infinitiv mit Possessivendungen

Häufig trägt der verkürzte Infinitiv eine Possessivendung:

İçlerini oyma**mız** uygun olur.
Unser Aushöhlen ihres Inneren ist zweckmäßig: es ist zweckmäßig, das Innere auszuhöhlen.

Onu tekrarlama**mı** rica ediyor.
Er bittet darum, daß ich es wiederhole.

Das Possessivsuffix wird ganz regelmäßig angefügt (3. Pers. Singular mit **s**):

gelme**m**	**mein** Kommen	gelme**miz**	**unser** Kommen
gelme**n**	**dein** Kommen	gelme**niz**	**euer (Ihr)** Kommen
gelme**si**	**sein (ihr)** Kommen	gelme**leri**	**ihr** Kommen

Der verkürzte Infinitiv erscheint auf den ersten Blick als eine Verneinung. Die verneinte Form lautet aber

gel**me**memiz unser **Nicht**kommen.

Die Substantivierung kann auch aus der Möglichkeitsform erfolgen, z.B. anl**ayamama**sı sein Nicht-verstehen-können

Für die Übersetzung ins Deutsche haben die oben angeführten Beispiele schon Hinweise gegeben. Eine Übersetzung als Infinitivsatz mit „zu" oder als Konjunktionalsatz, eingeleitet mit „daß, ob, wie" usw., ist möglich.

e) Der verkürzte Infinitiv in einer Genitiv-Possessiv-Konstruktion

Hakiki bir Türk yemeğ**inin** yapılma**sını** öğrendik.
Wir haben gelernt, wie ein echtes türkisches Gericht zubereitet wird.

İki baş soğa**nın** kızartılma**sı** gereklidir.
Es ist notwendig, daß zwei ganze Zwiebeln geröstet werden.

Das Possessivsuffix des verkürzten Infinitivs kann durch einen Genitiv ergänzt werden, besonders wenn es der Infinitiv eines Verbs im Passiv ist.

Weitere Beispiele:

Patlıcan dolmasının hazırlanması ve pişirilmesi aşagıda anlatacağım gibi yapılır.
Das Vorbereiten und Zubereiten der gefüllten Auberginen geschieht so, wie ich im folgenden berichten werde.

Otomobil kullanırken alkolsüz içkilerin içilmesi gerekir.
Immer wenn man Auto fährt, ist es nötig, alkoholfreie Getränke (zu genießen) zu sich zu nehmen.

Die Verwendung des substantivierten Infinitivs ist im Türkischen vielseitig und sehr wichtig, leider aber aus der Sicht der deutschen Sprache nicht leicht. Der Gebrauch des Infinitivs erfährt insofern eine Einschränkung, als mit ihm nur Handlungen ausgedrückt werden, die erwartet, gewünscht, gedacht usw., aber noch nicht vollzogen worden sind. (Weiteres dazu in den Lektionen 26 und 28.)

2. Besondere Verwendung des verkürzten Infinitivs im Ablativ

Patlıcanları 5–10 dakika parçala**madan** kızartmamız lâzımdır.
Wir müssen die Auberginen 5–10 Minuten anbraten, ohne daß sie zerfallen.

Mit dem verkürzten Infinitiv ohne Possessivendung im Ablativ wird die Aussage „ohne zu" oder „ohne daß" zum Ausdruck gebracht.

1. Übersetzen Sie als Wiederholung folgende Ausdrücke und Sätze aus früheren Lektionen. Ordnen Sie diese in die grammatikalischen Probleme dieser Lektion ein:

a) Bir telefon konuşması (*12*), oturma odası (*14*), bekleme odası. (*19*)
b) Güzel yemeklere „Ye kürküm, ye! Bunlar hep senin için", diyerek batırmaya başlar. (*16*)
c) Sen randevu almaya bak! (*19*)
d) Doktorun hemşiresi acele gelmemizi söylüyor. (*19*)
e) Belki de saatlerce beklememiz gerekir. (*19*)
f) Biraz istirahat edip dinlenmeniz gerekir. (*19*)
g) İlaçları almayı unutmayınız! (*19*)
h) Vakit geçirmeden Karaköy iskelesinin yolunu tuttuk. (*10*)

2. Ergänzen Sie in folgenden Sätzen die richtigen Endungen und übersetzen Sie:

a) Biz patlıcan dolma– yapma– öğreniyoruz.
b) Bu haşlanmış pirince bir tatlı kaşığı da tuz ilâve etme– gerekir (*1. Pers. Plural*).
c) Ne kadar zaman kıyma, pirinç ve baharatın yoğurulma – gereklidir?
d) Kuş yavrularını yumurtadan çıktıktan sonra hemen yemleme– başlar.

3. Bilden Sie Sätze aus folgenden Wortreihen und übersetzen Sie:

Verben mit Dativ:

a) dersler – tekrarlanmak – başlanmak (= *man beginnt*).
b) memur – acele – Almanya – para – göndermek – çalışmak.
c) bu adam – he zaman – komşuları – yardım etmek – hazırdır.
d) yolcu – seyahat – kesmek – karar vermek.

Verben mit Akkusativ:

e) ben – akşamları – müzik dinlemek – sevmek.
f) doktor – her gün – bir kahve kaşığı – ilaç – almak – söylemek.
g) güzel – Türkçe – okumak – ve – yazmak – öğrenmek (*1. Pers. Plural*).

4. Übersetzen Sie:

a) Vergessen Sie nicht, dies zu bezahlen. (*Akkusativ*)
b) Es ist nötig, daß der Doktor kommt. (*Nominativ*)
c) Die Soldaten marschierten tagelang ohne zu schlafen.
d) Der Fremde trat ohne zu fragen in unser Haus ein.

Vokabeln

adet	Stück
aldıktan sonra	nachdem man genommen hat
anlatacağım gibi	wie ich erzählen (erklären) werde
anlattığımız gibi	wie wir erklärt haben
aşağıda	unten, im folgenden
aynı	der-, die-, dasselbe
boy	Größe, Länge
bölmek	zerlegen, zerteilen
çalışılmalıdır	man muß sich bemühen
dağıtmak	zerfallen
doğranmak	in Stücke schneiden
doğranmış	in Stücke geschnitten
dolmak	voll werden
gayet	überaus, ganz besonders
gerekli	nötig
hakiki, gerçek	echt
haşlamak	brühen, quellen
haşlanan pirinç	der quellende (gequollene) Reis
hazırladığımız patlıcanlar	die Auberginen, die wir vorbereitet haben
ilâve etmek	zufügen
ilâve edilerek	nachdem man zugefügt hat
ince	fein
iyice	ziemlich gut
kabuk	Schale
kalan	verbleibend
tavada kalan	im Brattiegel
karabiber	Pfeffer
kaşık	Löffel
kevgir	Schaumlöffel
kıyma	Hackfleisch
kızarmak	braun werden, (sich) braten
kızartmak	braten, braun werden lassen
kızartılmak	anbraten lassen (*Passiv*)
kızartılmış	angebraten
kızartılan patlıcanlar	die anbratenden *oder* angebratenen Auberginen
kızarttığımız patlıcanlar	die Auberginen, die wir angebraten haben

lâzım	notwendig, nötig
litre	Liter
margarin	Margarine
oymak	aushöhlen
patlıcan	Aubergine
parçalamak	zerstückeln
pirinç	Reis
pişmek	kochen (*intransitiv*)
pişirilmek	gekocht werden
pişirmek	kochen (*transitiv*)
piyaz	Fleisch-Zwiebel-Fülle
sarı	gelb
servis etmek	anrichten
sıkıca	fest, dicht, prall
soğan	Zwiebel
baş soğan	eine ganze Zwiebel
kızarmış soğan	geröstete Zwiebel
soyulan	geschält (werdend)
soyulmuş	geschält
şekil	Form
tarif etmek	erklären, beschreiben
tava	Brattiegel
temizlemek	reinigen
temizlenen	gereinigt (werdend)
tepsi	Bratblech
uygun olmak	angebracht sein
yağ	Fett
nasıl yapacaksınız?	wie werden Sie . . . machen?
yayvan	breit und flach
yerleştirildikten sonra	nach dem Einlegen
yoğurmak	kneten
yoğrulmak	geknetet werden
yoğrulmuş	geknetet

Erläuterungen und Übungen:

anlaşmak	sich gegenseitig verstehen
baharat	Gewürze
bozulmak	kaputtgehen
çıktıktan sonra	*hier:* nach dem Schlüpfen
ders	Unterrichtsstunde
karar vermek	beschließen
kesmek	schneiden, abbrechen
müzik	Musik
yavru	Junges
yemlemek	füttern
yumurta	Ei

21. Lektion

Basit Makinalarla Tamir

21 A

Arabam ağırlaştı, giderek motordan alışılmadık sesler gelmeye başladı. Bu alışılmadık seslerden korkarak hemen arabamı bir kenara çekerek durdurdum. Ne yapacağımı bilemeyerek düşünmeye başladım. Hemen aklıma oradan geçen başka arabalardan yardım istemek geldi. Bu yardımı nasıl isteyeceğim! Geçen arabalara nasıl işaret vereceğim? Arabamdan dışarı çıkarak geçen arabalara işaret vermeye başladım. Şoförlerden birisi durdu:

– Geçmiş olsun, arabanız mı bozuldu?
– Sağ olun, evet arabam bozuldu. Lütfen bana bir tamirci gönderir misiniz?
– Böyle şeyler olağandır. Siz hiç merak etmeyin. Ben size şimdi bir tamirci yollarım. O size arabanızı çabukça yapar. Böylece siz de yolunuza devam edersiniz. Haydi, Allaha ısmarladık.
– Çok sağ olun. Size nasıl teşekkür edeceğimi bilemiyorum.

Çok geçmeden arabamın arkasında başka bir araba durdu, içinden elbiseleri yağlı bir adam indi.

– Geçmiş olsun, kardeş, arabanızın nesi var?
– Motordan alışılmadık sesler geliyor. Araba iyi çekmiyor.
– Lütfen arabayı bir çalıştırır mısınız?
– Hayhay!
– Tamam istop ettiriniz. Pek önemli değil. Benim kalfalar onu kolayca yaparlar. Ben şimdi sizin arabayı bizim tamirhaneye çekeceğim. Çünkü burada takım derya yok.
– Usta lütfen arabamı sağlamca yapıverin. Bir daha başıma iş açmasın.
– Ben arabayı tamirhaneye götüreyim. Benim kalfalar onu güzelce sağlamca yaparlar.
– Usta bu kulübeler mi sizin tamirhaneler?
Bu basit aletlerle mi bu bozuk arabayı yapacaksınız?
– Bey, biz bu basit makinalarla, bu basit yerlerde ölü arabalara can veriyoruz. Siz arabanızı hiç düşünmeyiniz.
Kalfa! Bu arabanın nesi varsa çok acele güzelce, sağlamca yapın.
– Merak etme usta, biz onu yeni gibi yaparız.
– Beyefendi siz şöyle oturunuz arabanız acele tamir edilecek.
– Teşekkür ederim, sayın usta.

1. Das Futur

Geçen arabalara nasıl işaret ver**eceğim**?
Wie **werde ich** den vorbeikommenden Autos Zeichen geben?

Bu basit aletlerle mi bu bozuk arabayı yap**acaksınız**?
Werden Sie mit diesen einfachen Werkzeugen dieses kaputte Auto instand setzen?

Das Futur ist gekennzeichnet durch das Suffix **-ecek** bzw. **-acak** (kleine Vokalharmonie), das an den Verbstamm angefügt wird. Bei vokalisch endendem Verbstamm wird ein **y** eingeschoben. Das Suffix **-ecek** bzw. **-acak** steht für die 3. Pers. Singular, **görecek** heißt also *er (sie, es) wird sehen.*

Die übrigen Personalendungen ergeben sich aus der Übersicht, wobei besonders auf die Erweichung des **k** in der 1. Pers. Singular und Plural zu achten ist.

ben	gör**eceğim**	*ich werde*	ben	anla**yacağım**	*ich werde*
sen	gör**eceksin**	*sehen*	sen	anla**yacaksın**	*verstehen*
o	gör**ecek**	*usw.*	o	anla**yacak**	*usw.*
biz	gör**eceğiz**		biz	anla**yacağız**	
siz	gör**eceksiniz**		siz	anla**yacaksınız**	
onlar	gör**ecekler**		onlar	anla**yacaklar**	

Weitere Verbformen sollen durch folgende Beispiele stellvertretend vorgestellt werden:

ben gel**me**yeceğim	ich werde **nicht** kommen
bekleyecek **misin**?	**wirst du** warten?
biz al**abil**eceğiz	wir werden kaufen **können**
siz bul**ama**yacaksınız	Sie werden **nicht** finden **können**

Das Suffix **-ecek** wird über die Bedeutung des Futurs im engeren Sinne hinaus oft für die Umschreibung eines Verbs mit den Hilfsverben *wollen, sollen, müssen* gebraucht. So kann man auch übersetzen:

Nasıl işaret vereceğim?
Wie **soll** ich Zeichen geben?

2. Das Verbaladverb mit dem Suffix -erek

Das in Lektion 19 behandelte Verbaladverb auf **-ip** können wir zum Vergleich mit dem auf **-erek** heranziehen. Gemeinsam ist beiden, daß sie zwei Verbformen miteinander verbinden. Der Unterschied liegt im Inhalt. Während mit dem Verbaladverb auf **-ip** aufeinanderfolgende Handlungen ausgedrückt werden, wird das Verbaladverb auf **-erek** bei **gleichzeitigen** Handlungen verwendet.

Bu alışılmadık seslerden kork**arak** hemen arabamı durdurdum.
Ich war wegen der ungewöhnlichen Geräusche besorgt und brachte meinen Wagen sofort zum Stehen.

aber: Polis karakoluna gid**ip** doğru yolu sordum.
Ich fuhr zur Polizeiwache und erkundigte mich nach dem richtigen Weg.

Formal wird das Suffix **-erek** bzw. **-arak** (kleine Vokalharmonie) an den Verbstamm angefügt; bei vokalisch endendem Verbstamm steht **-yerek** bzw. **-yarak**.

Für die Übersetzung ins Deutsche bieten sich natürlich weitere Möglichkeiten an, etwa beim obenstehenden ersten Beispiel:

dadurch, daß ich besorgt war, . . .; indem ich besorgt war, ...

Das Verbaladverb von **olmak**, also **olarak**, hat weitergehende Bedeutungen:

a) als adverbiale Ergänzung zu einem Substantiv:

Bu kitabı hediye **olarak** aldım. *Ich erhielt dieses Buch als Geschenk.*

son **olarak**	*zum Schluß*
işçi **olarak**	*als Arbeiter*

b) als Adverb oder ein adverbialer Ausdruck aus einem Adjektiv:

sarhoş **olarak**	*betrunken*
ilk defa **olarak**	*zum ersten Mal*
genel **olarak**	*im allgemeinen*

3. Das Suffix -ce

a)	güzel**ce**	**ziemlich** schön, **ganz** hübsch
	böyle**ce**	so, auf diese Weise
	çabuk**ça**	**ziemlich** schnell

Das Suffix **-ce** bzw. **-ca** (durch Erhärtung **-çe** bzw. **-ça**) kann den inhaltlichen Stellenwert eines Adjektivs verändern, den wir im Deutschen etwa mit „*ziemlich*“ oder „*ganz*“ umschreiben können. So entstehen auch Adverbien.

b)	yeşil**ce**	grün**lich**
	ak**ça**	weiß**lich**

Wird das Suffix an Farben angefügt, erhalten diese eine abgeschwächte Bedeutung (übersetzt mit *-lich*).

c) saatler**ce** stunden**lang**
günler**ce** tage**lang**
yıllar**ca** jahre**lang**

Bestimmte Zeitspannen, die wir im Deutschen mit der Endung *-lang* ausdrücken, werden ebenfalls durch das Suffix **-ce** gebildet.

d) Türk**çe** Türkisch
Alman**ca** Deutsch
Latin**ce** Lateinisch

Schließlich werden mit dem Suffix **-ce** Sprachen bezeichnet.

Übungen 21 C

1. Setzen Sie die folgenden Verbformen des yor- bzw. r-Präsens in das Futur:

kullanır, dinleniyor musun?, unutmam, bekliyorlar, alamaz, kavrayabilir, temizlenir, gitmezsin, düşünürse, anlayamazsa.

2. Verbinden Sie die beiden Hauptsätze durch die Verbaladverbien auf -ip oder -erek (dem Inhalt entsprechend). Übersetzen Sie.

a) Turgut taksiciyi çağırıyor ve fiatı pazarlık ediyor.
b) Yolculuk sırasında güzel manzaralar görüyoruz ve hiç sıkılmıyoruz.
c) Bir kayık kıralayalım ve Eyüp'e gidelim.
d) Lokantalar yerli ve yabancı turistlerle dolar ve taşar.
e) – Allaha ısmarladık, diyorum ve oradan ayrılıyorum.
f) Siz Ankara'da inebilirsiniz ve bir gece yatabilirsiniz.
g) Yatağa uzanıyorum ve bir az dinlendikten sonra kendimi aç hissediyorum.
h) Pazarcılık yapıyorum ve yedi çocuğa ve hanıma bakıyorum.

3. Übersetzen Sie:

a) Iß und sprich nicht gleichzeitig!
b) Gestern haben sich Erol und Halime getroffen und (gleichzeitig) eine Verabredung vereinbart.
c) Wir wollen uns umziehen und in den Speisesaal gehen (sich umziehen = üstünü değiştirmek).

d) Wir setzen uns unter den Maulbeerbaum und unterhalten uns.
e) Bitte (entkleiden) machen Sie Ihren Oberkörper frei und legen Sie sich auf die Liege.

4. Leiten Sie die Bedeutung folgender Wörter bzw. Ausdrücke ab und bilden Sie daraus kurze Sätze (Wortvorschläge in Klammern):

haftalarca (*ders*)
İngilizce (*dünya*)
aslan sütü olarak (*rakı*)
hatıra olarak (*fotoğraf*)

Vokabeln

ağırlaşmak	sich verlangsamen, langsamer laufen
akıl	Verstand
birinin aklına gelmek	*jemandem* (etwas) einfallen
alet [l ince]	Werkzeug, Gerät
alışılmadık	ungewöhnlich
bir daha başıma iş açmasın	ich möchte mich nicht nochmals über dieselbe Sache ärgern
can	Leben
can vermek	lebendig machen
çekmek	ziehen
derya	Meer; *hier:* größere Menge, *s.* takım
devam etmek	fortsetzen
dışarı çıkmak	aussteigen
haydi	gut!, recht!
hayhay	aber gewiß, recht gern
İngilizce	Englisch
istop ettirmek	stehenlassen
işaret	Zeichen
kalfa	Geselle, Gehilfe
kulübe	Hütte, Baracke
makina	Maschine
motor	Motor
olağan	alltäglich
ölü	tot
sağlam	stabil; in Ordnung
sıcak sıcak	sehr heiß
takım derya	Geräteauswahl
tamir	Reparatur
tamir etmek	reparieren
usta	Meister
yapıvermek	schnell fertigmachen

Erläuterungen und Übungen:

genel	allgemein
karakol	Wache
polis (jandarma) karakolu	Polizeiwache, -station
Lâtince	Latein
sarhoş	betrunken

22. Lektion

Lastikçide

22 A

Uzun yolda gide gide arabamın lastikleri eskidi, hattâ lastiklerden birisi de patladı. Arabama yedek lastiği taktım. Patlayan lastiği çok acele yaptırmam lâzımdı.

Çünkü yeniden bir başka lastik patlayabilirdi.

Gele gele bir benzinliğe geldim.

– Affedersiniz, lastiğim patladı. Onu tamir eder misiniz?

– Beyefendi, ne yazık ki bizim burada hava yok. Bir lastikçi bulduğunuz zaman orada tamir ettirirsiniz.

– Yakında bir lastikçi var mı? Lastik tamir eden bir yer tanıyor musunuz?

– Şu ilerdeki benzinliğin yanında bir lastikçi olacak. Şayet yoksa onlardan tekrar sorarsınız. Bu yolun kenarında çok lastikçi var.

– Teşekkür ederim, beyefendi. Allaha ısmarladık.

– Güle, güle, beyefendi. İyi yolculuklar.

Bu benzinlikten ayrıldıktan sonra yol kenarındaki benzinliklere sora sora lastikçiyi buldum. Bu lastikçi basit basit makinalarla eski eski lastikleri tamir ediyordu.

– İyi günler usta: Lütfen şu lastiğimi acele tamir eder misiniz? Çünkü çok acele yola gidiyorum, yedek lastiğim yok.

– Görüyorsunuz sırada bekleyen çok. Buna rağmen sizin lastiği önce yapacağım, çünkü yola gidiyorsunuz. Yolda giderken yedek lastik lâzım olur. Burada her gün eski lastik yapa yapa canım çıkıyor. Az kazanmama rağmen yine de bu işi yapıyorum, çünkü başka iş yok. Şayet sizin Almanya'da arabanızın lastiği patlarsa çöpe atarsınız değil mi?

– Evet, bizim lastikler eskirse biz onları çöpe atıyoruz. Çünkü lastik tamiri pahalıdır. Ama yeni lastikler de pahalı. Lastiklere ve araba eşyalarına para vere vere cebimde para kalmadı.

– Benim arabam yok, çünkü alamıyorum. Hergün evden işe bir saat yürüyorum. Evden buraya yürüye yürüye dizimde can, arabasızlıktan düşüne düşüne kafamda saç kalmadı.

..... Buyurun beyefendi, lastiğiniz tamamdır. Güle güle yolunuza devam ediniz.

– Teşekkür ederim usta. Borçumuz nedir?

– Gönlünüzden ne koparsa o kadar, beyefendi.

1. Das Verbaladverb auf -e (Verdoppelung)

Uzun yolda gide gide arabamın lastikleri eskidi.
Auf dem langen Weg nutzten sich durch das ständige Fahren die Reifen meines Wagens ab.

Dieses Verbaladverb wird dadurch gebildet, daß man an den Verbstamm **-e** bzw. **-a**, bei vokalisch endenden Verbstämmen **-ye** bzw. **-ya** anfügt. Mit Einschränkung kann man **gide** mit *gehend* übersetzen. Meist wird es in der Verdoppelung gebraucht und drückt dabei eine sich wiederholende Handlung aus; **gide gide** bedeutet *immer wieder gehend* (*fahrend*).

Für die Übersetzung ins Deutsche ergeben sich verschiedene Möglichkeiten:

Yoldan geçenlere sora sora dükkânı buldum.
Durch ständiges Fragen der Passanten fand ich das Ladengeschäft.
Indem ich die Passanten immer wieder fragte, ...
Dadurch daß ich die Passanten ständig fragte, ...

Man kann dieses Verbaladverb im Deutschen also durch einen Adverbialsatz der Art und Weise ausdrücken.

Anmerkung: Durch die Verdoppelung von Adverbien und Adjektiven wird im Türkischen eine **Verstärkung** erreicht, z. B.:

bırak **yavaş yavaş** gidelim	laßt uns **ganz langsam** gehen
basit basit makinalar	**ganz einfache** Maschinen

2. Das Verbaladverb auf -e (ohne Verdoppelung)

Patlayan lastik çok çabuk yapılsın **diye** çok acele ettim.

Wörtlich: *Ich beeilte mich sehr, sagend, der undichte* (*platzende*) *Reifen möge sehr schnell gemacht werden.*

Ich beeilte mich sehr, damit der undichte Reifen sehr schnell (*gemacht*) *repariert werde.*

Verhältnismäßig häufig tritt (ohne Verdoppelung) die von **demek** abgeleitete Form **diye** auf. Im oben angeführten Beispiel wird durch **diye** ein Adverbialsatz der Absicht (Finalsatz) umschrieben. In dem Satz ist also eigentlich eine wörtliche Rede enthalten. Auch in anderen Adverbialsätzen findet **diye** Anwendung, z. B.:

Konuşmaya can atarsınız **diye** sizi davet ediyorum.
Da Sie möglicherweise Lust zu einem Gespräch haben, lade ich Sie ein. (Adverbialsatz des Grundes)

Außerdem wird **diye** überall dort verwendet, wo in Sätzen mit wörtlicher Rede andere Verben der Verständigung als **demek** gebraucht werden. An **diye**, das nicht übersetzt zu werden braucht, erkennt man die wörtliche Rede; es kann daher auf Anführungszeichen verzichtet werden.

Annesi: Mehmet, gel bana, dedi.
Seine Mutter sagte: „Mehmet, komm zu mir!“

Annesi: Mehmet, gel bana, diye çağırdı.
Seine Mutter rief: „Mehmet, komm zu mir!“

Mehmet: Şimdi gelirim, diye cevap verdi.
Mehmet antwortete: „Ich komme sofort.“

Bemerkenswert ist, daß das Subjekt vor **diye** und das aussagende Verb hinter der wörtlichen Rede stehen.

Tren **saat dokuza çeyrek kala** hareket eder.
Der Zug fährt **um 8.45 Uhr** ab.

Tren **saat dokuzu yirmi geçe** hareket eder.
Der Zug fährt **um 9.20 Uhr** ab.

Wie bereits durch Lektion 11 bekannt ist, werden bei Uhrzeiten, die aussagen sollen „um soundsoviel Uhr“, die Verbaladverbien **kala** mit Dativ (= verbleibend) und **geçe** mit Akkusativ (= vorübergehend) verwendet.

3. Das Partizip Präsens

Das Partizip Präsens wird durch Anfügen des Suffixes **-en** bzw. **-an** an den Verbstamm gebildet; vokalisch auslautende Verbstämme haben **-yen** bzw. **-yan**, z.B.

gel**en**, konuş**an**, bekle**yen**.

Im Deutschen ist dieses Partizip selten und wirkt bekanntlich schwerfällig: *gehend, sprechend, wartend.*

Dagegen ist es im Türkischen häufig und hat vielseitige Verwendung. Es wird adjektivisch und substantivisch gebraucht.

Lastik tamir ed**en** bir yer tanıyor musunuz?
Kennen Sie eine Stelle (Werkstatt), die Reifen repariert?

Ayşe hanım dişçiden çok kork**an** bir bayan idi.
Frau Ayşe war eine Frau, die vor dem Zahnarzt große Angst hatte.

Bei adjektivischer Verwendung stehen im Deutschen meistens Relativsätze. Dabei kann das Partizip Präsens im Zusammenhang auch auf ein vergangenes Geschehen bezogen sein.

Hiç Türkçe anla**ma**yan bir turist geldi.
Ein Tourist, der überhaupt nicht Türkisch konnte, ist gekommen.

Das Partizip Präsens kann auch in der verneinten Form auftreten.

Auf die weitere Verwendung des Partizip Präsens wird in Lektion 25 eingegangen.

Görüyorsunuz sırada bekleyen çok.
Sie sehen, in diesem Augenblick gibt es viele Wartende.

Geç kalanları bekleriz.
Wir warten auf die Zuspätkommenden.
Wir warten auf die, die zu spät kommen.
oder: *Wir werden auf die, die zu spät kommen, warten.*

Auch hier bietet sich die Übersetzung mit einem Relativsatz an. Das substantivierte Partizip kann in den Plural gesetzt und dekliniert werden.

Eine Reihe dieser Substantive hat eine fest umrissene Bedeutung, z. B.

yaz**an**	der Autor	bak**an**	der Minister
gönder**en**	der Absender	çık**an**	der Subtrahend

4. Weitere Postpositionen

In Lektion 15 haben wir Postpositionen kennengelernt, die räumliche Beziehungen ausdrücken. Hier und in weiteren Lektionen werden neue Postpositionen vorgestellt. Einzuprägen ist jeweils der Fall, der vor der Postposition steht.

Mit **Ablativ**:	ayrıldık**tan sonra**	**nach** der Trennung
	bayram**dan evvel** *oder* **önce**	**vor** dem Feiertag
Mit **Dativ**:	az kazanmam**a rağmen**	**obwohl** ich wenig verdiene
	ilân**a göre**	**entsprechend** der Bekanntmachung

Übungen 22 C

1. Setzen Sie das Verbaladverb auf -e (verdoppelt) ein; das Verb steht in Klammern. Übersetzen Sie:

a) Gözümüz ..... yolumuzu kaybettik. (*bakmak*)
b) Kilit ve anahtar ..... bozulur mu? (*kitlemek*)
c) Öğrenciler ..... konuları anlayabilirdiler. (*okumak*)
d) Pedagoglar haklı olurlarsa çocuklar ..... daha sağlıklı öğrenecekler. (*oynamak*)
e) Uzun yolda ..... en iyi lastik de eskiyip patlar. (*gitmek*)

2. *Übersetzen Sie und berücksichtigen Sie dabei die Notwendigkeit, „diye" einzubeziehen:*

a) Robert fragte: „Was wird an der Seite der Galata-Brücke verkauft?"
Hüseyin antwortete: „Gebratener Fisch."
b) Nuri telefoniert: „Kommen Sie nicht zu spät, Erol!"
Erol sagt: „Ich bin um 10.45 Uhr in der Konditorei Çınar."
c) Der Reisende fragt: „Haben Sie ein sauberes Einzelzimmer?"
Er fährt fort: „Kann ich das Zimmer sehen?"

3. Lâle doktora telefon ettiriyor. *Lâle läßt den Arzt anrufen.*
Hastalanan Lâle doktora telefon ettiriyor.
Lâle, die erkrankt ist, läßt den Arzt anrufen.

Fügen Sie nach diesem Beispiel jeweils einen zweiten Satz mit dem Partizip Präsens hinzu (Vorschläge in Klammern in Anlehnung an frühere Lektionen):

a) Çocuklar çok seviniyorlar. (*misafir, selâmlamak*)
b) Müşteriler dans ederler. (*şarkıcılar, dinlemek*)
c) Satıcı pazarcılık yapıyordu. (*çocuğa ve hanıma bakmak*)

4. *Welche Wörter sind Partizipien, welche nicht? Was bedeuten sie?*

anlamayan, oğlan, veren, bakan, insan, dolduran, yazan, hemen, temizleyen, isteyen, merdiven, olan.

5. *Übersetzen Sie:*

a) Benzin bitecek diye benzinliğe gittik.
b) Parayı kaybetmeyeyim diye Euroçek alırım.
c) Zarfın sağ alt tarafına alıcının adresi, sol üst tarafına gönderen yazılır.
d) Vapurda çaycı: Çay isteyen var mı? diye bağırdı.

Vokabeln

ayrılık	Trennung	**patlamak**	platzen, Luft lassen
benzinlik	Tankstelle	**rağmen** (*mit Dat.*)	trotz
borç	(finanzielle) Schuld	**takmak**	einsetzen, anbringen
buna rağmen	trotzdem	**yedek**	Ersatz-
canı çıkmak	Kraft verlieren, vor Arbeit beinahe umkommen	**yoksa**	oder
çöp	Abfall, Müll		
diz	Knie	*Erläuterungen und Übungen:*	
eskimek	alt werden, abnutzen	**anahtar**	Schlüssel
gönülden kopmak	von Herzen kommen	**bayan**	Dame, Frau (*bei Anrede*)
hattâ	sogar, darüber hinaus	**dişçi**	Zahnarzt
ilerdeki	da vorn (befindlich)	**ilân** [l ince]	Bekanntmachung
kafa	Kopf, Schädel	**kaybetmek**	verlieren
lastik	Reifen	**kilit**	Schloß
o kadar	soviel, nur soviel	**ki(li)tlemek**	zu-, abschließen
		merdiven	Treppe, Leiter
		pedagog	Pädagoge

23. Lektion

Avrupa'ya Gelenler — 23 A

Şöyle bir etrafınıza bakarsanız, çeşitli tipte, çeşitli kıyafette insanlar görürsünüz. Bunlar kimlerdir?

Niçin böyledirler? Buraya nasıl gelmişlerdir?

İsviçreli yazar Max Frisch'e göre: Avrupalılar işçi çağırmışlar, Avrupa'ya insanlar gelmişler.

Bu gelenler aradan yıllar geçmesine rağmen bir türlü Avrupalılara kaynaşamamışlar. Avrupalıların yaşamına ayak uyduramamışlar.

Bavulunu alan, çoluğundan çocuğundan ayrılıp Almanya'ya para kazanmaya gelmiş. Burada çoluktan çocuktan ayrı duramamış, daha sonra onları da getirmiş. Yakmış onları, dünyaya geldiklerine pişman etmiş. Almanya'ya geleli yıllar olmuş, para biriktirip geri dönememiş. Bir türlü hayallarini gerçekleştirememiş. Ama hayallerini gerçekleştirmek için ümitli, ümidini bütün zorluklara rağmen kaybetmemiş.

Kimdir onu buraya getiren? Kimdir onu burada vatana hasret koyan? Nedir onu burada tutsak eden? – Fark etmemiş.

1. Die miş-Vergangenheit

Formal folgt diese Zeitform der großen Vokalharmonie:

ben	ver**miş**im	biz	uydur**muş**uz
sen	al**mış**sın	siz	getir**miş**siniz
o	gör**müş**	onlar	kal**mış**lar

Die Verneinung, die Frage sowie die Möglichkeitsform sind regelmäßig:

Onlar ümidini kaybet**me**mişler.
Sie haben die Hoffnung **nicht** verloren.

Siz gel**ebil**mişsiniz.
Sie haben kommen **können.**

Onlar geri dön**eme**mişler.
Sie haben **nicht** zurückkehren **können.**

Hayallerini gerçekleştirmiş **mi**?
Haben sich ihre Vorstellungen verwirklicht?

Neben der **di**-Vergangenheit (Lekt. 10) spielt die **miş**-Vergangenheit eine ebenso große Rolle. Während erstere türkisch **"görülen geçmiş zaman"**, d.h. die Vergangenheit, die gesehen (erlebt) wurde, heißt, nennt man letztere **"görülmeyen geçmiş zaman"**, d.h. die Vergangenheit, die **nicht** erlebt wurde. Damit wird der wesentliche Unterschied zwischen den beiden Zeitformen umschrieben. Mit der **miş**-Vergangenheit wird ein Geschehen zum Ausdruck gebracht, von dem der Sprechende oder Schreibende, weil er es selbst nicht gesehen oder wahrgenommen hat, sekundär berichtet.

Hier Beispiele für eine mögliche Verwendung und Übersetzung ins Deutsche:

a) Bei einer **subjektiven Aussage**, einer ziemlich sicheren Vermutung:
Bu hastalık bana tramvaydaki yolculardan gel**miş**.
Ich habe mich wahrscheinlich in der Straßenbahn von den Mitfahrenden angesteckt.

b) Bei einer z.B. durch die Zeitung übermittelten **Information:**
Bu yıl Ulu Dağa çok kar yağ**mış**tır.
In diesem Jahr hat es auf dem Ulu Dağ viel geschneit.

Hier sind auch die Zeitformen mit **-miş** im Text dieser Lektion einzuordnen. Um eine Häufung der Pluralsuffixe **-mişler/-mışlar** zu vermeiden, wurden sie teilweise weggelassen.

Auch in Geschichten, Anekdoten, Witzen und Fabeln ist häufig die **miş**-Vergangenheit zu finden (vor allem in der 3. Person).

Werden die mit Personalendungen versehenen Formen der **miş**-Vergangenheit durch das Suffix **-dir** ergänzt, so bedeutet das eine besondere Unterstreichung der Aussage:

Ben götür**müşümdür**. Ich habe (es) **bestimmt** hingebracht.

Recht häufig wird diese Form in der 3. Person in Zeitungsmeldungen verwendet (*s*. . . .kar yağ**mıştır**).

c) Beim **Passiv**, um auszudrücken, daß sich eine Sache oder eine Person nach einem Vorgang in einem bestimmten Zustand befindet:

Pencere açıl**mış**. *Das Fenster ist geöffnet worden,*
d.h. *es ist offen.*
Amcam hastalan**mış**. *Mein Onkel ist krank geworden,*
d.h. *er ist erkrankt.*

Als Basis der **miş**-Suffixe kann die **miş**-Vergangenheit des Hilfsverbs „sein" angesehen werden:

İstanbul çok güzel **imiş**, onun eski eserleri enteresan **imiş**.
Istanbul **soll** schön **sein**, seine antiken Stätten **sollen** interessant **sein**.

Aus **güzel imiş** kann **güzelmiş**, aus **enteresan imiş** kann **enteresanmış** werden. Nach einem Vokal steht **-ymiş** wie etwa bei **hastaymış** *er sei krank*.

Viele Märchen beginnen mit: **Bir varmış, bir yokmuş** *Es war einmal . . .*

2. Das Plusquamperfekt

Evden saat onda çık**mıştım** istasyona çabuk geldim.
Ich **war** um 10 Uhr von zu Hause **weggegangen** und kam schnell zum Bahnhof.

Die Verbindung der **miş**-Vergangenheit mit **-dim**/**-tım** (große Vokalharmonie) führt zu einer Zeitform, die etwa unserem **Plusquamperfekt** entspricht.

3. Weitere Zeitformen mit dem miş-Suffix

Während beim Plusquamperfekt an die Silbe **-miş** die Suffixe des verkürzten **idim** angefügt werden, können weitere Zeitformen dadurch gebildet werden, daß umgekehrt auf eine bestimmte Verbform die Silbe **-miş** folgt, z.B.:

yor-Präsens:	**alıyormuş**
r-Präsens:	**alırmış, almazmış**
Futur:	**alacakmış**
Bedingungsform:	**alsaymış**

Eine entsprechende genaue Übersetzung dieser Formen wäre nur in einem Text sinnvoll. Diese Formen ermöglichen im Türkischen eine sehr differenzierte Ausdrucksweise; sie lassen sich nicht einfach in die Zeitformen der deutschen Sprache einordnen.

4. Das miş-Partizip (Partizip der Vergangenheit)

gelmiş heißt nicht nur *er ist gekommen*, sondern steht auch für das Partizip der Vergangenheit und heißt dann *gekommen seiend* oder *derjenige, der gekommen ist.* Die Anwendung entspricht dem Partizip Präsens (Lekt. 22), also adjektivisch und substantivisch.

Adjektivisch:

Geç**miş** zaman geri gelmez.
Die Zeit, die vergangen ist, kommt nicht zurück.

İnce ince doğran**mış** iki adet domatesin bu yoğrul**muş** piyaza iyice karıştırılması gerekir.
Es müssen zwei sehr fein geschnittene Tomaten mit dieser gekneteten „Füllmasse" recht gut vermischt werden.

Substantivisch:

Dol**muş** Türkiye'de önemli bir taşıttır.
In der Türkei ist der Dolmuş ein beliebtes Verkehrsmittel.

Öl**müş**lerinizin canı için!
Für das Seelenheil Ihrer Toten! (*Dank eines Bettlers*)

In allen Beispielen drückt das Partizip etwas **Allgemeines** aus. Will man dagegen in bezug auf das folgende Substantiv bzw. das Partizip eine **bestimmte** Aussage machen, wird **olan** bzw. **olanlar** ergänzt.

Beispiele:

Buraya gelmiş **olan** misafirler âdetlerimizi bilmezler.
Die Gäste, die hierher gekommen sind, kennen unsere Gewohnheiten nicht.

Bu evi yakmış **olan** kaçmıştır.
Derjenige, der dieses Haus angezündet hat, ist geflohen.

Çocukları şahsiyetsiz yetiştirmiş **olanlar** bunun cezasını kendileri çekerler.
Diejenigen, die die Kinder ohne Persönlichkeit haben aufwachsen lassen, werden selbst die Folgen zu tragen haben.
frei etwa: *Wer seine Kinder nicht zu einer Persönlichkeit erzogen hat, wird dafür büßen.*

Übungen **23 C**

1. Setzen Sie die folgenden Sätze in die miş-Vergangenheit und übersetzen Sie:

a) Sinema çok kalabalık değildi.
b) Deniz oldukça tuzluydu fakat sıcaktı.
c) Gemi devrildi çünkü çok rüzgâr esti.
d) Seyahat rehberini göremediler.
e) Ankara'da Otel Dedeman yeni yapıldı.
f) Bu sabah vaktinde uyandırıldım fakat yeniden uykuya daldım.

2. *Ergänzen Sie den Text durch eine Verbform der miş-Vergangenheit.* Die entsprechenden Verben sind unten beigefügt; doppelt vorkommende Verben sind vermerkt.

Karga ve Kavanoz

Karganın biri çok ..... Dibinde biraz su bulunan büyük bir kavanozun üstüne ..... Fakat ne yaptıysa suya .....
Sonra aklına yeni bir şey ..... Yerden bir çakıltaşı ....., kavanozun içine ..... Bir taş daha ....., yine .....
Bir bir daha derken birçok çakıltaşını kavanoza .....
Taşlar girdikçe su yukarı ..... Karga suyu ....., ölmekten .....

(Esop'tan)

susamak, konmak, ulaşmak, gelmek, almak (2), **atmak** (2), **doldurmak, yükselmek, içmek, kurtulmak.**

3. Übersetzen Sie unter Verwendung des Partizips der Vergangenheit:

a) Ein Mensch, der viel gelernt hat, ist erfolgreich.
b) Ich sah ein stark (= sehr) beschädigtes Auto.

c) Warum können sich die Arbeiter, die nach Deutschland gekommen sind, nicht einleben? (*olan*)
d) Haben diejenigen, die die Heimat verlassen haben, Sehnsucht? (*olanlar*)
e) Diejenigen, die die Hoffnung aufgegeben haben, sterben schneller. (*olanlar*)
f) Haben diejenigen, die sich den Europäern angepaßt haben, ihre Heimat vergessen? (*olanlar*)

Vokabeln

Almanya'ya geleli	seit sie nach Deutschland gekommen sind
ayak uydurmak	sich anpassen
biriktirmek	sparen
dünya	Welt
dünyaya geldiklerine pişman etmiş	sie bringen (die Kinder) dazu, daß sie bereuen, in die Welt gekommen zu sein
fark etmek	bemerken, herausfinden
gerçekleştirmek	verwirklichen, erfüllen
hasret	Sehnsucht
hasret koymak	Sehnsucht aufkommen
hayal [l ince]	Illusion
İsviçre	Schweiz
kaynaşmak	sich verbinden, sich integrieren
kıyafet	Kleidung; äußeres Aussehen
tutsak	Gefangener
ümit	Hoffnung
vatan	Vaterland, Heimat
yakmak	verbrennen, *hier:* mit einer ungewissen Zukunft konfrontieren
yaşamak	leben
yazar	Schriftsteller
zorluk	Schwierigkeit

Erläuterungen und Übungen:

âdet	Gewohnheit, Brauch
cezasını çekmek	die Folgen zu tragen haben, büßen
çakıltaşı	Kieselstein
devrilmek	umkippen
dip	unterer Teil, Grund, Boden
girdikçe	in dem Maße, in dem (Steine) hineinkamen
kaçmak	fliehen
kar	Schnee
kar yağmak	schneien
karga	Rabe
kavanoz	Einmachglas
konmak	sich setzen
kurtulmak	gerettet werden
ölmek	sterben
sinema	Kino
susamak	Durst bekommen
şahsiyet	Persönlichkeit
tramvay	Straßenbahn
ulaşmak	erreichen
Ulu Dağ	*Berg bei Bursa (2543 m)*
uyku	Schlaf
yükselmek	aufsteigen

24. Lektion

İki Lisanlı Çocuklar **24 A**

Bu yıl dünya çocuk yılı. Tanıyor muyuz acaba biz çocukları yeterince?

Çocuk bahçesine gidip oyun oynayan çocukları görmek gerekir bir kere. Onlar kendi aralarında bir şeyler konuşuyorlar. Bana, etraflarına, ürkek ürkek bakıyorlar. Görmeli, onların bu ürkek bakışlarını. Anlamalı, ne anlatmak istediklerini. Bilmeli, onların hayatını. Hissetmeli, onların duygularını. Niçin onlar öyle ürkek ürkek bakıyorlar? Acaba orada oynadıkları için kendilerini suçlu mu hissediyorlar? Şu demokrasi ülkesinde mecbur mu bu çocuklar böyle büyümeye? Şu modern dünyada, iki lisan arasında mecbur mu bu çocuklar lisansız yaşamaya? Acaba niçin bu çocuklar böyledirler? Çok azımız düşünüyoruz. Ama mecburuz biz onları insan gözüyle görmeye, onlara değer vermeye.

Acaba onlar çocuk olalıdan beri bir defa güldüler mi? Bundan sonra gülebilecekler mi? Yabancı olduklarından dolayı hep böyle yerilecekler mi? Yoksa bir gün onlarda kendilerini yerenleri yerecekler mi? Anlıyacaklar mı bir gün niçin burada olduklarını?

Düşündünüz mü siz hiç, bu toplumun bu gidişle geleceğinin nasıl olacağını?

Erläuterungen **24 B**

1. Die Notwendigkeitsform mit dem Suffix -meli

So wie die Möglichkeitsform (Lekt. 10) im Türkischen nicht mit einem besonderen Hilfsverb gebildet wird, kann die Notwendigkeitsform nur durch das Suffix **-meli** bzw. **-malı** zum Ausdruck gebracht werden.

Bil**meli**, onların hayatını.
Man **muß** über ihr Leben Bescheid wissen.

Niçin evde kal**malı**yız?
Warum **müssen** wir zu Hause bleiben?

Die Silbe **-meli** bzw. **-malı** wird an den Verbstamm angefügt.

Das **Präsens** erhält folgende Personalsuffixe:

bil**meli**yim	*ich muß wissen*
bil**meli**sin	*du mußt wissen*
bil**meli**dir	*er (sie, es) muß wissen*
bil**meli**	*man muß wissen*
bil**meli**yiz	*wir müssen wissen*
bil**meli**siniz	*ihr müßt wissen, Sie müssen wissen*
bil**meli**(dir)ler	*sie müssen wissen*
kal**malı**yım	*ich muß bleiben*
kal**malı**sın	*du mußt bleiben*
kal**malı**dır	*er (sie, es) muß bleiben*
kal**malı**	*man muß bleiben*
kal**malı**yız	*wir müssen bleiben*
kal**malı**sınız	*ihr müßt bleiben, Sie müssen bleiben*
kal**malı**(dır)lar	*sie müssen bleiben*

Diese Notwendigkeitsform umschreibt im Türkischen nicht ein zwangsweises Müssen, sondern ein auf zwischenmenschliche Beziehungen und auf logische Zusammenhänge begründetes Handeln. Diese Form ist deshalb nicht nur mit „müssen" sondern auch mit „sollen" oder „dürfen" zu übersetzen. Speziell mit der **verneinten Form** wird ein Nichtdürfen oder Nichtsollen ausgedrückt, z. B.:

Borcumu ödemeyi unut**mamalı**yım.
Ich **darf nicht** vergessen, meine Schuld zu zahlen.

Biz randevumuza geç kal**mamalı**yız.
Wir **dürfen** zu unserer Verabredung **nicht** zu spät kommen.

Die **Frageform** ist regelmäßig:
git**meli** miyim? **soll** ich gehen?

Für die **Vergangenheitsformen** findet **-meli** gleichfalls Verwendung; dabei ist der Einschub des **y** zu beachten:

ben bak**malı**ydım ich **mußte** schauen
o git**meli**ymiş er (sie, es) **mußte** sicherlich gehen

Für das Futur und für die Bedingungsform wird „meli" **nicht** gebraucht (s. 2.).

2. Umschreibungen der Notwendigkeitsform

Şu demokrasi ülkesinde bu çocuklar böyle büyümeye **mecbur** mu?
Müssen diese Kinder so in jenem demokratischen Staat groß werden? (Ist es nötig, daß . . .)

Çocuk bahçesine gidip oyun oynayan çocukları görmek **gerekir** bir kere.
Man **muß (sollte)** einmal zu einem Kinderspielplatz gehen und spielenden Kindern zusehen.

Eve dönmemiz **gerekmez.**
Wir **müssen nicht** nach Hause gehen.

Sizin yardımınız **lâzım** değildir.
Ihre Hilfe ist nicht nötig = sie **müssen nicht** helfen.

Anstelle einer regelmäßigen Verwendung von **-meli** für die Bildung der Notwendigkeitsform hat die türkische Sprache die Möglichkeit „müssen" auch anders auszudrücken. Außerdem kann, wie erwähnt, für das Futur und die Bedingungsform **-meli** nicht gebraucht werden. Von den im folgenden angeführten Möglichkeiten, die Notwendigkeitsform anders auszudrücken, bedeutet insbesondere die Umschreibung mit **mecbur** ein Gezwungensein, ein erforderliches Müssen.

a) **mecbur** gezwungen, genötigt
mecbur olmak (*mit Dativ*) gezwungen sein (werden)
görmeye mecburuz wir müssen sehen
beklemeye mecbur olacağız wir werden warten müssen

b) **gerek** nötig
gerekli notwendig
gerekmek (*mit Nominativ*) nötig sein
görmek gerekir man muß sehen
yazmam gerekecek ich werde schreiben müssen
yardım etmemiz gerekirse geliriz wenn wir helfen müssen, kommen wir

c) **lâzım** nötig
dönmemiz lâzım wir müssen umkehren
ilaç lâzım değilmiş die Arznei war nicht nötig

d) **lüzum** die Notwendigkeit
lüzumlu notwendig
lüzum var es ist notwendig
Türkçe konuşurum, tercüme etmeniz **lüzumlu** değildir.
Ich spreche Türkisch, Sie brauchen nicht zu übersetzen.
Hakikaten **lüzum** varsa gelirim.
Wenn es wirklich sein muß, komme ich.

3. Die Stellung der Satzteile

Onlar kendi	aralında	bir şeyler	konuşuyorlar.
Subjekt	*adverbiale Bestimmung der Art und Weise*	*Objekt*	*Prädikat*

Das ist die normale Stellung der Satzteile. Die adverbiale Bestimmung oder das Objekt können, wenn sie betont sind, auch am Satzanfang stehen.

> **Hissetmeli**, onların duygularını.
> *Man muß ihre Gefühle nachempfinden.*

Das Prädikat steht in der Regel am Satzende. Stellt man es an den Anfang, wie es im Text dieser Lektion mehrmals geschehen ist, so bedeutet dies eine nachdrückliche Betonung, z.B. im Sinne eines Appells. Auch in Gedichten wird der Betonung oder des Reimes wegen das Prädikat oft an eine vordere Stelle gerückt.

Übungen **24 C**

1. Ahmet arkadaşına telefon ediyor
Ahmet arkadaşına telefon etmelidir
Ahmet arkadaşına telefon etmeye mecburdur
Ahmet'in arkadaşına telefon etmesi gerekir (lâzım)

Setzen Sie wie im obigen Beispiel die folgenden Sätze in verschiedene Möglichkeiten der Notwendigkeitsform. Berücksichtigen Sie bei der Übersetzung verschiedene Varianten:

a) Biz her gün Türkçe konuşuruz.
b) Seyahate çıkacak mısınız?
c) Niçin şehre gideriz?
d) Bu maden suyundan içiyorum.

2. Vervollständigen Sie folgende Sätze durch die in Klammern stehenden Verben und die angegebene Notwendigkeitsform. Übersetzen Sie:

a) Adalara gitmek için adalar vapuruna ..... (*binmek*, *-meli*).
b) Bayan Lâle, sizin bir az istirahat edip ..... (*dinlenmek*, *gerekir*).

c) Şayet Euroçek bozdurmak isterseniz alt tarafını . . . . . (*imzalamak, lâzım*).
d) Satıcı yedi çocuğa ve hanıma . . . . . (*bakmak, mecbur olmak*).
e) Her akşam dişlerimizi . . . . . (*fırçalamak, gerekir*).

3. Übersetzen Sie und geben Sie (in türkisch) Antworten auf die Fragen:

a) Warum muß man für den Zug in die Türkei einen Liegewagenplatz bestellen?
b) Warum muß man vor der Reise an die Bulgarische Botschaft schreiben?
c) Warum muß Frau Lâle Arznei nehmen?
d) Warum müssen die Menschen, die nach Europa gekommen sind, die Sprache ihres Gastlandes lernen?
e) Warum müssen wir uns in die Gefühle der zweisprachigen Kinder hineinversetzen?
f) Wie soll man den fremden Kindern helfen?

Vokabeln

bakış	Blick
büyümek	heranwachsen
çocuk olalıdan beri	seit der Kindheit
demokrasi	Demokratie
duygu	Gefühl
gelecek	Zukunft
hayat	Leben
istedikleri	die Wünsche, die sie in sich tragen
kendileri	sie selbst
lisan	Sprache
modern	modern
niçin burada olduklarını	. . . warum sie hier sind
oyun	Spiel
suçlu	schuldig
toplum	Gesellschaft
ürkek	scheu
ürkek ürkek	scheu und furchtsam
yabancı olduklarından dolayı	weil sie Ausländer sind
yermek	diffamieren
yerilmek	herablassend behandelt werden
yetmek	genügen, ausreichen
yeterince?	und reicht es aus?; *hier:* genügend
Erläuterungen und Übungen:	
maden suyu	Mineralwasser

25. Lektion

Hamam Tellağı

25 A

Ben Almanya'da hep eski anılarımı hatırlıyorum. Küçük bir kasaba, orada sadece bir ortaokul vardı. Biz köy çocukları orada ortaokula gidiyorduk. Köyden gelen çocuklar 120 kişi bir pansiyonda kalıyorduk. Bu pansiyonda kalan çocuklar, hafta sonu gruplar halinde şehrin meşhur çifte hamamına gidiyorduk.

Öğrencilerden bahşiş alamayan tellak, bize peştamalların ve havluların eskisini getiriyordu. Biz soyunma odasından aynı tellağı görüyorduk ki, o tanıdığı sözde "zenginlere" iltifat ediyordu. Onlara peştamalın, havlunun en yenisini, temizini veriyordu. Tellağın bize getirdiği peştamalı biz küçük vücudumuza sarıp, terleme kabinelerine gidiyorduk. Terleme kabineleri çok sıcak ve nemli olduğu için, biz çabucak terliyorduk. Bu sırada kesecinin müşterileri keselediği kabineden de gözümüzü ayırmıyorduk.

Oturduğumuz kabine yavaş yavaş bizi rahatsız ediyordu. Hamama her gelen terlemek için oraya oturuyordu. Kesecinin bizi keselemesi beklenemezdi. Biz öğrenciler küçük bir kabineye çekilir, orada bir birimizi bayram havası içinde yıkardık. Orada olan yaşlılar bizi imrenerek seyrederlerdi. İçeriye girerken aldığımız peştamalları yaşlılar gibi kullanırdık. Avret yerlerimizin görünmemesine dikkat ederdik.

Tellak hamamda yıkanıp giyinmeye gidenlere, temiz havlular verirdi. Biz, öğrencilerden bahşiş alamayan tellak, bize havluların hem eskilerini hem de ıslaklarını verirdi.

Biz öğrenciler o zamanlar aramızda konuşurduk ki, zengin olmayan rağbet görmez. Paranın padişahlığı sona ermeyen yerde, insan insanca muamele görmez. –

Acaba o zenginleri keseleyen, onlara iltifat eden tellak, kendisini bir kere şöyle mutlu insan hissetmiş miydi? Birisi ötekisinin davranışlarını beğenmediği zaman, demiyor mu ki: Ne biçim iş o be, "hamam tellağı gibi".

1. Das Verbalsubstantiv auf -dik (Bildung und Grundsätzliches)

gel**dik***	das Kommen, das Gekommensein
yaz**dık**	das Schreiben, das Geschriebenhaben

Dieses Verbalsubstantiv wird gebildet, indem man an den Verbstamm das Suffix **-dik** anfügt. Dabei sind die große Vokalharmonie und die Erhärtung zu beachten:

söyle**dik**, al**dık**, gör**dük**, bul**duk**, yap**tık**, konuş**tuk**.

Auch beim verneinten Verbstamm, beim Passiv und bei der Möglichkeitsform erfolgt die Bildung regelmäßig:

ver**me**dik, ver**il**dik, ver**ebil**dik, ver**eme**dik.

Wie die oben angegebene Übersetzung zeigt, ist diese **dik**-Form eine substantivierte Verbform, mit der sowohl die Gegenwart als auch die Vergangenheit (Perfekt) ausgedrückt werden kann. Wenn **geldik** und **gelme** „das Kommen" bedeuten, so muß schon jetzt darauf hingewiesen werden, daß das Verbalsubstantiv auf **-dik** nur bei bereits vollzogenem Geschehen gebraucht wird, im Gegensatz zum verkürzten Infinitiv, mit dem nur Erwartungen, Absichten usw. ausgedrückt werden (Lekt. 20). Siehe dazu auch die Lektionen 26 und 28.

Die **dik**-Form hat im Türkischen eine sehr wichtige und häufige Anwendung. Da sie jedoch in sehr verschiedenartigen Satzkonstruktionen auftritt, können wir im Rahmen dieses Buches nur Beispiele für wichtige Anwendungsgruppen geben.

2. Die Anwendung des Verbalsubstantivs auf -dik (deutschen Relativsätzen entsprechend)

otur**duğumuz** kabine *die Kabine, in der wir saßen*

Tellağın bize getir**diği** peştamalı biz küçük vücudumuza sarıyorduk.
Wir wickelten das Lendentuch, das uns der Badediener gebracht hatte, um unseren kleinen Körper.

---

* Da die **dik**-Form vorrangig mit einer Possessivendung vorkommt, sollten Sie statt **geldik** eigentlich **geldiğ-** usw. im Auge haben, auch um einer Verwechslung mit **geldik** *wir kamen* vorzubeugen.

Die **dik**-Form wird fast nur mit einer Possessivendung verwendet (Ausnahme z. B. in Lekt. 26). Die Possessivform kann auch Teil einer Genitiv-Possessiv-Konstruktion sein.

In den obigen Beispielen entsprechen die Verbalsubstantive in der Übersetzung deutschen **Relativsätzen**.

Weitere Beispiele:

arkadaşımı**n** gönderdiğ**i** mektup
der Brief, den mein Freund geschickt hat

hatırladığım anılar
die Erinnerungen, an die ich zurückdenke

zenginler**in** tellağa verdik**leri** bahşiş
das Trinkgeld, das die Reichen dem Badediener gegeben haben

yetişemediğimiz tren
der Zug, den wir nicht erreichen können/konnten

3. Die Anwendung des Partizips Präsens (-en) und des Verbalsubstantivs auf -dik

Wir haben bereits in Lektion 22 kennengelernt, daß das Partizip Präsens im Türkischen deutschen Relativsätzen entsprechen kann. Auch in dieser Lektion sind einige solcher Beispiele zu finden:

köyden gel**en** çocuklar	*die Kinder, die vom Dorf kamen*
bu pansiyonda kal**an** çocuklar	*die Kinder, die in der Pension wohnten*
bahşiş alama**yan** tellak	*der Badediener, der kein Trinkgeld erhalten konnte*
orada ol**an** yaşlılar	*die Erwachsenen, die dort waren*

In diesen Fällen steht das Relativpronomen im Nominativ, also: die Kinder, **die** . . .; der Badediener, **der** . . . usw.

Aber: bunu bildir**diğimiz** çocuklar
die Kinder, **denen** wir dies mitgeteilt haben

dün gör**düğünüz** bay
der Herr, **den** Sie gestern gesehen haben

otur**duğum** ev
das Haus, **in dem** ich wohne/gewohnt habe

Hier steht das Relativpronomen im Dativ, Akkusativ oder es ist mit einer Präposition verbunden. Hier muß also die **dik**-Form stehen.

Man kann die Frage nach der Anwendung des Partizips Präsens oder des Verbalsubstantivs auch dahingehend beantworten, daß dann, wenn im Relativsatz **dasselbe Subjekt** wie im Hauptsatz vorkommt, das **Partizip Präsens**, aber bei einem **anderen Subjekt** im Relativsatz das **Verbalsubstantiv** auf **-dik** stehen muß.

Übungen **25 C**

1. Übersetzen Sie als Wiederholung folgende Sätze aus früheren Lektionen und ordnen Sie diese in das grammatikalische Problem dieser Lektion ein:

a) Oturduğumuz ev hemen denizin kıyısında idi. (*15*)
b) Ben burada açtırdığım hesabımda artan parayı tekrar Almanya'ya geri gönderebilir miyim? (*18*)
c) Bu şekilde hazırladığımız patlıcanları bir tavada kızartmamız lâzımdır. (*20*)
d) Bu hazırlanan piyaz daha evvel kızarttığımız patlıcanların içine sıkıca doldurulur. (*20*)

2. Entscheiden Sie, ob in den folgenden Sätzen die Verbformen als Partizip Präsens oder als Verbalsubstantiv auf -dik einzusetzen sind (Verb mit Person in Klammern). Übersetzen Sie:

a) Okula ..... kasaba küçüktü. (*gitmek, 1. Pers. Sg.*)
b) Pansiyonda ..... çocuklar köyden gelmişlerdi. (*oturmak, 3. Pers. Pl.*)
c) Bizden bahşiş ..... tellak bize havluların eskisini getiriyordu. (*ümit etmemek, 3. Pers. Sg.*)
d) Terleyip ..... küçük kabineden çabuk çıktık. (*rahatsız olmak, 1. Pers. Pl.*)
e) Zenginlere ..... peştamallar çok yeniydi. (*verilmek, 3. Pers. Pl.*)
f) O zamanlarda aralarında ..... öğrenciler ne konuştular? (*konuşmak, 3. Pers. Pl.*)
g) Hamam tellağının kötü ..... insan, onun niçin öyle davrandığını bilir. (*davranmak, 3. Pers. Sg.*)

3. Die Kinder, die sehr scheu schauen, ...
Ürkek ürkek bakan çocuklar ...

Die Kinder, deren Wünsche wir nicht verstehen, ...
İsteklerini anlamadığımız çocuklar ...

Übersetzen Sie nach obigem Beispiel folgende Satzpaare:

a) Die Kinder, die seit ihrer Geburt wenig lachen konnten, ...
Die Kinder, die ich sehr wenig lachen (*ihr Lachen* = *güldüklerini*) gesehen habe, ...

b) Die Fremden, die mit Kind und Kegel gekommen sind, ...
Die Fremden, denen wir helfen können, ...

c) Die Menschen, die nicht in ihre Heimat zurückgekehrt sind, ...
Die Menschen, für die Europa keine Heimat geworden ist, ...

Vokabeln

anı	Erinnerung
anıları hatırlamak	Erinnerungen ins Gedächtnis zurückrufen
avret yeri	Schamteile
bayram havası	feierliches Gefühl
be	(*nachgestelltes*) ei, doch, nur
beğenmek	gern haben, zufrieden sein mit
biri ... beğenmediği zaman	wenn einer nicht zufrieden ist
biçim	*hier:* Modell; Art
ne biçim iş o be!	Was ist das doch für eine Art!
çabucak	schleunigst
çifte hamam	*größeres türk. Bad mit einer Damen- und Herrenabteilung*
davranış	Benehmen
davranmak	handeln, sich verhalten
dikkat etmek	aufpassen, darauf achtgeben
ermek	erreichen
sona ermek	zu Ende gehen
grup	Gruppe
hamam	türkisches Bad
havlu	Handtuch
hem ... hem de	sowohl ... als auch
ıslak	naß
iltifat etmek	freundlich begrüßen
imrenmek	neidisch sein auf; *hier:* sich nach (der Jugendzeit) zurücksehnen
kabine [–bi:–]	Kabine, kleiner abgeteilter Raum
kasaba	Kleinstadt, Provinzstadt
kese	Frottierhandschuh (*aus Ziegenhaar*)
keselemek	abreiben
muamele görmek	behandelt werden
nemli	feucht
olduğu için	deshalb
padişahlık	Sultanat; *hier:* Herrschaft
pansiyon	Pension
peştamal	Lendentuch (*im türk. Bad*)
rağbet görmek	beliebt sein, Anklang finden
sarmak	umwickeln
seyretmek	zusehen, zuschauen
soyunmak	sich ausziehen, sich entkleiden
sözde	angeblich
tellak	Badediener
terlemek	schwitzen
vücut	Körper

26. Lektion

Uğurlu Ayak **26 A**

Karagöz ile Hacivat Türk gölge oyunlarının unutulmayan sanatcılarıdır. Deve derisinden yapılmış figürler beyaz perdenin arkasında ışıkta hareketlendirilirler, aktörler ise bu hareketleri diyalogla canlandırırlar.

İşte bu diyaloglardan birisi:

Hacivat bir haftalığına Kestane köyüne gitmiş. Orada altı gün kaldıktan sonra tekrar Bursa'ya dönmüştü. Şehre geldiğinin ilk akşamı Karagözle mahalle kahvesinde buluştular. Arkadaşları ile sohbet ettikleri sırada, Karagöz Hacivat'a Kestane köyünde yaşadığı altı günü nasıl geçirdiğini sordu.

Cevap veren Hacivat: – Köye vardığım ilk gün büyük bir kasırga çıktı. O gün bütün kestanelerin dallarının kırıldığını gördüm. İkinci günü yangın çıktı. Yangın sırasında sekiz evin yandığına şahit oldum. Üçüncü gün bir düğün vardı. Düğün evine fazla davetli alındığından, evin üst katı çöktü. Dördüncü gün bir köylü çıldırdığından karısını ve çocuklarını boğdu. Beşinci gün köyün yakınından geçen derede bir kadın çamaşır yıkarken sel geldi, komşusu onu kurtarmaya çalıştığı halde, kadını sel aldı. Altıncı günü kuduz bir köpek beş kişiyi ısırdığından, onlar hastaneye kaldırıldılar.

Karagözüm! Benim bu başıma gelenlere ne dersiniz?

Karagöz: – Aman Hacivatım, iyi ki bir haftayı tamamlamamışsınız, yoksa Kestane köyünü bir uğurlu ayağınızla mahvederdiniz, der.

Nurullah Tilgen "Karagöz'den"

Erläuterungen **26 B**

1. Das Verbalsubstantiv auf -dik (deutschen Satzgefügen mit „daß, was, wie" bzw. „ob" entsprechend)

Sekiz evin yandığına şahit oldum.
Ich war Zeuge, **wie** acht Häuser abbrannten.

Bütün kestanelerin dallarının kırıldığını gördüm.
Ich habe gesehen, **wie** die Zweige aller Kastanienbäume abgebrochen wurden.

Da mit dem Suffix **-dik** ein echtes Substantiv entstanden ist (s. Lekt. 25), kann dieses nicht nur die Possessivendungen erhalten, sondern auch in jeden Deklinationsfall gesetzt werden:

yandık	*das Verbrennen, das Verbranntsein*
evin yandığı	*das Verbrennen des Hauses*
evin yandığın**a**	*dem (zum) Verbrennen des Hauses (Dativ)*

So wird das Verbalsubstantiv auf **-dik** zu einem Satzteil. Da wir im Deutschen solche Verbalsubstantive nicht kennen, übersetzen wir sie als Satzgefüge, z. B. als Nebensatz mit *daß*, *was*, *wie* oder *ob*.

In welchem Fall das Verbalsubstantiv steht, hängt davon ab, welchen Fall das jeweilige Verb des Hauptsatzes verlangt.

Weitere Beispiele:

Bunu yaptığımız**a** hiç kimse inanmıyor.
Niemand glaubt, daß wir dies gemacht haben.

Kardeşimizin döndüğün**ü** haber aldık.
Wir erhielten die Nachricht, daß unser Bruder zurückgekehrt ist.

Karagöz oyunlarının nasıl hareketlendirildiğin**i** biliyor musunuz?
Weißt du, wie die Karagözspiele bewegt wurden?

2. Das Verbalsubstantiv auf -dik (dem deutschen Adverbialsatz des Grundes entsprechend)

Fazla davetli alındığın**dan** . . .
Weil zuviel Gäste eingeladen worden waren, . . .

Bir köylü çıldırdığın**dan** . . .
Weil ein Bauer wahnsinnig geworden war, . . .

Steht das Verbalsubstantiv im Ablativ, so entspricht es im Deutschen einem Adverbialsatz des Grundes (eingeleitet mit *weil* oder *da*).

Weitere Beispiele:

Hava güzel olduğun**dan** ağaçların altında piknik yaptık.
Da das Wetter schön (geworden) war, machten wir unter Bäumen Picknick.

Hamam tellağına bahşiş vermediğimiz**den** o bize rağbet etmez.
Da wir dem Badediener kein Trinkgeld gegeben haben, zeigt er an uns kein Interesse.

(Adverbialsätze des Grundes auch mit Postpositionen s. 3.)

3. Das Verbalsubstantiv auf -dik in Verbindung mit Postpositionen

Hacivat altı gün kaldık**tan sonra** tekrar Bursa'ya dönmüştü.
Nachdem Hacivat sechs Tage weggeblieben war, kehrte er wieder nach Bursa zurück.

Hacivat Bursa'ya vardığın**dan beri** insaların başına çok şey geldi.
Seit Hacivat nach Bursa gekommen war, stieß den Einwohnern etwas zu.

Die Verbalsubstantive richten sich in den Fällen nach den Postpositionen. In beiden Beispielsätzen steht vor der Postposition der Ablativ. Dabei ist besonders zu beachten, daß vor **sonra** die **dik**-Form **ohne** Possessivendung gebraucht wird.

Außer den Verbindungen mit **sonra** und **beri** sind noch solche mit folgenden Postpositionen häufig und wichtig:

Bana haber verdiğiniz**e göre** . . . (*mit Dativ*)
Entsprechend dem, worüber Sie mir Nachricht gegeben haben . . .
– **Entsprechend** Ihrer Nachricht an mich . . .

Yukarıda yazıldığı(–) **üzere** . . . (*mit Nominativ*)
Wie oben beschrieben wird (worden ist) . . .

Teslim aldığımız(–) **gibi** . . . (*mit Nominativ*)
Kurz nachdem wir die Lieferung erhalten haben . . .

Hasta olduğum(–) **için** . . . (*mit Nominativ*)
Weil ich krank bin (war), . . .

Ahmet söz verdiğin**den dolayı** (*mit Ablativ*)
Da Ahmet versprochen hat (hatte), . . .

Da das Verbalsubstantiv auf **-dik** nur dann verwendet werden kann, wenn sich das Geschehen bereits ereignet hat (s. dazu Lekt. 20 und Lekt. 28), ist z.B. eine Verbindung mit **evvel** nicht möglich. So heißt „*bevor wir angekommen sind*" also nicht „geldiğimizden evvel" sondern **„biz gelmeden evvel"**.*

4. Das Verbalsubstantiv auf -dik in Verbindung mit Substantiven

Arkadaşları ile sohbet ettikleri **sırada** . . .
Gerade als sie sich mit ihren Freunden unterhielten, . . .

Komşusu onu kurtamaya çalıştığı **halde** . . .
Obwohl sich ihre Nachbarin bemühte, sie zu retten, . . .

---

* Vor **evvel** steht der verkürzte Infinitiv ohne Possessivendung.

Weitere Satzgefüge werden im Türkischen dadurch zum Ausdruck gebracht, daß die Verbalsubstantive auf **-dik** Verbindungen mit festen Substantiven (oder deren Lokativ) haben. Die Verbalsubstantive mit ihren Possessivendungen stehen davor im **Nominativ**.

Außer den beiden Beispielen . . . **sırada** *gerade als* und . . . **halde** *obwohl* sind noch folgende zwei Konstruktionen wichtig:

Arkadaşım Almanya'dan geldiği(–) **zaman** . . .
Als (**Nachdem**) mein Freund aus Deutschland kam (gekommen war), . . .

Anlattığımız(–) **hakkında** . . .
Gemäß unserer Erklärung . . .

Übungen **26 C**

1. Übersetzen Sie als Wiederholung folgende Sätze früherer Lektionen und ordnen Sie diese in die grammatikalischen Probleme dieser Lektion ein:

a) Haritada görüldüğü gibi Türkiye'nin üç yanında denizler var. (*3*)
b) Sizin geldiğinize çok seviniyoruz. (*5*)
c) Türkiye'de lokantaya gittiğiniz zaman garson size hemen bir yer gösterir. (*8*)
d) Bir az dinlendikten sonra kendimi aç hissediyorum. (*13*)
e) Öyle olduğu halde zor geçiniyoruz. (*14*)
f) Hoca'ya niçin böyle yaptığını sorarlar. (*16*)
g) İstediğiniz zaman istediğiniz kadar hesabınızdan para alabilirsiniz. (*18*)
h) Patlıcanlar bir tepsiye yerleştirildikten sonra üzerine ½ litre su ilâve edilir. (*20*)
i) Bir lastikçi bulduğunuz zaman orada tamir ettirirsiniz. (*22*)
j) Acaba oynadıkları için kendilerini suçlu mu hissediyorlar? (*24*)
k) Yabancı olduklarından dolayı hep böyle yerilecekler mi? (*24*)

2. Setzen Sie in die folgenden Sätze die entsprechenden Formen des Verbalsubstantivs auf -dik ein (Verb und Person in Klammern) und übersetzen Sie:

a) Türk gölge oyunlarını . . . . . çok sevindim. (*görmek, 1. Pers. Sg.*)
b) Aktörlerin Karagöz ve Hacivat figürlerini diyalogla . . . . . gördüm. (*canlandırmak, 3. Pers. Pl.*)
c) Hacivat'ın bir haftalığına nereye . . . . . biliyor musun? (*gitmek, 3. Pers. Sg.*)

d) Hacivat'ın Kestane Köyünde .... Karagöz inandı mı? (*yaşamak, 3. Pers. Sg.*)

3. Adverbialsätze des Grundes können türkisch auf verschiedene Weise ausgedrückt werden (**-dik** im Ablativ, **dolayı** mit Ablativ und **için** mit Nominativ).

Übersetzen Sie folgende Sätze dementsprechend verschieden:

a) Weil Erol krank ist, können wir uns nicht treffen.
b) Da Sie nicht geantwortet haben, bin ich allein in die Stadt gefahren.
c) Weil ich eine neue Adresse habe, konnten Sie mich nicht finden.

4. Bilden Sie Sätze aus folgenden Verbindungen:

a) ... bildirdiğine göre ...
b) ... kalktıktan sonra ...
c) ... döndüğümüzden beri ...
d) ... çıktığım zaman ...
e) ... anlattığı gibi ...

Vokabeln

aktör	Schauspieler
ayak	Fuß
başa gelmek	erleben
boğmak	erwürgen
Bursa	*Stadt in Anatolien*
çamaşır	Wäsche
çıldırmak	wahnsinnig werden
çökmek	einstürzen
dal	Ast
dere	Bach
deri	Leder
deve	Kamel
diyalog [l ince]	Dialog
fazla	zu viel
figür	Figur
gölge	Schatten
Hacivat	*Gegenspieler des Karagöz*
hareketlendirmek	bewegen
hastane	Krankenhaus
hastaneye kaldırmak	ins Krankenhaus einliefern
ısırmak	beißen
Karagöz	*Hauptfigur des türk. Schattenspiels*
kasırga	Wirbelwind
kestane	Kastanie; *hier: Eigenname*
kırılmak	abbrechen
kuduz	tollwütig
kurtarmak	retten
mahvetmek	vernichten
perde	Vorhang, Tuch für das Schattenspiel
sanatçı	Künstler
sel	Sturzbach
şahit	Zeuge
tamamlamak	vervollständigen
uğur	gutes Vorzeichen, Glück
uğurlu	glückbringend
yangın	Feuer

Erläuterungen und Übungen:

inanmak	glauben
piknik	Picknick
teslim almak	Lieferung bekommen

27. Lektion

Gebe

27 A

Adım Dudu
Kör Şerif'in kızı
Köse Bekir'in geliniyim
Hem dulum hem evliyim
Hem nenemle yaşıtım
Hem çiçeğim burnumda
Kocam Kara Osman
Hem Türk'tür hem Alaman

Çukurova'da pamuk toplarım
Gebeyim karnım burnumda
Günler uzun uzun
Günler yüz yıl bin yıl
Sıcaklık 44 derece
Aşyeriyorum anacığım
Bir çınar gölgesine
Bir avuç soğuk suya

Asılı kalmış havada
Kurumuş rüzgâr parçaları
Günler uzun uzun
Sıcaklık 88 derece
Siliyorum alnımın terini
Mendilimi yakıyor öfkem
Tükürüyorum güneşe

Taşıyor pamuk okyanusu
Bereket yağıyor gökten
Bir cığara yakıyor elçi Şakir
Üflüyor göklerin tepesine
Sen ağaya ver ki Tanrım
Ağa da bize versin
Yüzüne sığmıyor gülmesi
Komut veriyor ırgata
Varil gibi yuvarlanıyor sesi

Ağardıkça pamuk okyanusu
Kararıyor Dudu gelin
Siliyor alnının terini
Mendilini yakıyor öfkesi

Göğsü görünüyor eğildikçe
Açılmış iki düğmesi
Bıyığını buruyor elçi Şakir
Aşyeriyor Dudu gelin
Derin bir uykuyu
Uzun bir düşe

Büyüdükçe pamuk balyaları
Küçülüyor Dudu gelin
Yığılıyor tonlarca sarı sıcak
Aşyeriyor soğuk bir karpuza
Yayladağlı bir bıçak
Ayakta uyuyor Dudu gelin
Su kaçıyor ateş kovalıyor
Büyüyor karnındaki bebe
Elleri yumruk gözleri menekşe

Ali Yüce
(*T.Ö.B. DER. YENITOPLUM*)

Erläuterungen **27 B**

1. Das Verbaladverb auf -dikçe

Göğsü görünüyor eğil**dikçe.**
Immer wenn sie sich bückt, zeigt sich ihre Brust.

Ağar**dıkça** pamuk okyanusu kararıyor Dudu gelin.
In dem Maße wie das Baumwollmeer Helligkeit ausstrahlte (= anschwoll), wurde die Schwiegertochter Dudu schwächer (= kraftloser).

Das Verbaladverb auf **-dikçe** unterliegt der großen Vokalharmonie und der Erhärtung. Es gibt auch die **verneinte** Form **-medikçe** bzw. **-madıkça.**

Dieses Verbaladverb wird im Deutschen durch Nebensätze mit „immer wenn, sooft als, in dem Maße wie" übersetzt.

Die Formen **oldukça** *ziemlich* und **gittikçe** *allmählich* sind zu festen Begriffen geworden.

2. Das Verkleinerungssuffix -cik

Aşyeriyorum ana**cığım** bir çınar gölgesine.
Ach (Mutter), ich habe großes Verlangen nach dem Schatten (einer Platane).

Ana**cığımı** çok özlüyorum. *Ich sehne mich sehr nach meiner Mama.*

Das unbetonte Suffix **-cik** folgt der großen Vokalharmonie und wird nach stimmlosen Konsonanten zu **-çik** erhärtet. Mit diesem Suffix wird die Verkleinerungs- oder Koseform eines Wortes gebildet:

baba**cık**	*Väterchen, Papa*
kuş**çuk**	*Vögelchen*

Meist kommt diese Form mit der Possessivendung vor, z.B.:

baba**cığım**	*mein Papa, mein lieber Vater*
kedi**ciğimiz**	*unser kleines Kätzchen*

Wir finden dies auch in der persönlichen Anrede:

Ayşe**ciğim**	*meine liebe Ayşe*
Hamza**cığım**	*mein lieber Hamza*

Darüber hinaus ist „anacığım" der Ausdruck von Hilflosigkeit.

Eine beliebte Koseform gegenüber Knaben ist von **aslan** *Löwe* abgeleitet: **aslancığım** *mein lieber Junge*

3. Ableitung von Verben aus Substantiven und Adjektiven

Çukurova'da pamuk top**la**rım.
Ich pflücke in der Çukurova-Ebene Baumwolle.

Küçü**l**üyor Dudu gelin.
Dudu wird kleiner (und häßlicher).

Büyüyor karnındaki bebe.
Das Baby im Leib wächst.

Üf**l**üyor göklerin tepesine.
Er bläst in die Spitze des Himmels (= er ist überheblich).

Zahlreiche Verben gehen auf Substantive oder Adjektive zurück. Es gibt dabei verschiedene Ableitungsmöglichkeiten, wovon wir hier nur Beispiele geben können. Für die Wortbildung gibt es keine ganz festen Regeln, und oft erhalten die abgeleiteten Verben auch eine erweiterte oder auch übertragene Bedeutung.

Eine typische Wortbildung erfolgt durch Einschub der Silbe **-le-** oder **-la-**:

top	Gesamtheit (*auch*: Ball)	top**la**mak	sammeln
baş	Kopf	baş**la**mak	beginnen
mühür	Stempel, Siegel	mühür**le**mek	abstempeln, versiegeln
hazır	bereit	hazır**la**mak	vorbereiten
yuva	Nest	yuva**la**mak	nisten
üf *oder* **püf**	*Lautmalerei des Blasens*	üf**le**mek	blasen

Besonderheiten ergeben sich bei **küçük** und **büyük**:

küçülmek	klein werden	küçük**le**mek (*od.* küçültmek)	jemanden schlechtmachen
büyümek	groß werden	büyütmek	(Kinder) großziehen, etwas übertreiben

Wortbildung durch die Silbe **-len-** bzw. **-lan-**:

kuvvet	Kraft	kuvvet**len**mek	kräftig werden
ses	Stimme	ses**len**mek	rufen, (auf Zuruf) antworten
güç	Können, Kraft	güç**len**mek	kräftig werden

Wortbildung durch die Silbe **-leş-** bzw. **-laş-**:

yer	Ort	yer**leş**mek	seßhaft werden, sich ansiedeln
Avrupalı	Europäer	avrupalı**laş**mak	europäisch werden

4. Der Satzbau im türkischen Gedicht

Im Gedicht kommt die Rhythmik der türkischen Sprache besonders zum Ausdruck. In dem sozialkritischen Gedicht von ALI YÜCE wird auf knappe, treffende Ausdrucksweise und auf punktuelle Reimenden Wert gelegt. Die Wortstellung steht in Beziehung zum Inhalt; das Verb steht deshalb oft am Satzanfang, manchmal auch in der Satzmitte.

Übungen

1. Übersetzen Sie:

a) In dem Maße wie Dudu in der Hitze arbeitet, zeigt sie starkes Verlangen nach einer Handvoll kalten Wassers.
b) Immer wenn Şakirbey die Arbeiter bedrängte (*daraltmak*), erstarkten die Arbeiter (*güçlenmek*).
c) In dem Maße wie das Baumwollmeer größer wurde, wurde Dudu kleiner.

2. Führen Sie die folgenden Verben auf ihren Ursprung zurück und versuchen Sie die Bedeutung zu erklären:

a) *von Substantiven:*
tatlanmak – paketlemek – çevrelemek – numaralamak – faydalanmak – haberleşmek.
b) *von Adjektiven:*
pislemek – şişmanlamak – düzlemek – iyileşmek.

3. Gleichlautende Wörter lassen sich im Sinnzusammenhang voneinander unterscheiden. Übersetzen Sie und machen Sie sich die Unterschiede der gleichlautenden Wörter bewußt:

a) Ayakta uyuyor Dudu **gelin.**
Lütfen, buraya **gelin**!
b) Bu akşam size **gelmem** lâzım.
Hayır, bu akşam size **gelmem.**
c) **Taşıyor** pamuk okyanusu.
İstanbul'da bir hamal 500 kg yük **taşıyor.**
d) Tanrım ağaya, **ağa** da bize versin.
Ağa yakalanan balıklar şanssızdılar.
e) Pansiyonda **yüz** yirmi öğrenci kaldılar.
Ağanın **yüzü** hiç kızarmıyor ki!

Vokabeln

ağ	Fischernetz
ağa	Herr, Chef
ağarmak	Helligkeit ausstrahlen
Alaman	*Dialekt:* Alman
alın	Stirn
anacığım	meine liebe Mama; *hier:* ach! *Ausdruck der Hilflosigkeit*
asılı	freischwebend
aşyermek	großes Verlangen haben nach
avuç	Handvoll
balya	Ballen
bebe	Baby
bereket	Überfluß
bıçak	Messer

bıyık	Schnurrbart
burmak	drehen
büyümek	groß werden
cığara	*Dialekt:* sigara
çınar	Platane
çiçeğim burnumda	*wörtlich:* meine Blüte ist (noch) auf meiner Nase, d.h. jung und frisch
Çukurova	*Gebiet um Adana,* Kilikische Ebene
derece	Grad
Dudu	*weibl. Vorname*
dul	Witwe, *auch:* ohne Mann lebend
düğme	Knopf
düş	Traum
eğilmek	geneigt werden, sich bücken
elçi	Gesandter; *hier:* Vertreter des Arbeitgebers
gebe	schwanger
gelin	Braut; *hier:* Schwiegertochter
göğüs	Brust
hem – hem	sowohl – als auch
ırgat	Tagelöhner, Lohnarbeiter
Kara Osman	*Eigenname*
kararmak	*hier:* schwächer werden
karnı burnunda	hochschwanger
karpuz	Wassermelone
koca	Ehemann, Mann
komut	Befehl
kovalamak	folgen
kör	blind
Kör Şerif	*Eigenname*
köse	mit dünnem Bart
Köse Bekir	*Eigenname + Spitzname*
kurumak	trocknen
küçülmek	klein werden, kleiner werden
mendil	Taschentuch
menekşe	Veilchen, veilchenblau
nene	Mutter, Mama (*Kindersprache*)
okyanus	Ozean
öfke	Wut, Haß
sığmak	Platz finden
silmek	abwischen
Tanrı	Gott
tepe	Spitze
göklerin tepesi	die Spitze des Himmels, d.h. überheblich
ter	Schweiß
tonlarca	tonnenweise
tükürmek	spucken
üflemek	blasen
varil	Faß
vermek	geben
yakmak	versengen
yaşıt	Altersgenosse
yayla	Alm
Yayladağlı	aus Yayladağ (*Ortsname*)
yığılmak	aufgehäuft werden
yumruk	Faust
yuvarlanmak	sich abrunden
sesi yuvarlanmak	überheblich reden

Erläuterungen und Übungen:

ağ	Netz
daraltmak	bedrängen
fayda	Nutzen, Gewinn
güç	Können, Kraft
hamal	Lastträger
kızarmak	*hier:* erröten (vor Scham)
kuvvet	Kraft
mühür	Stempel
şans	Chance
top	Gesamtheit; *auch:* Ball
yakalamak	ergreifen, fangen
yuva	Nest

28. Lektion

Geleceğe Güven

28 A

İnsanlar hep kötü günlerin gideceği ve iyi günlerin geleceği ümidi içinde yaşarlar. Ne yazık ki her gelen gün, geçen günleri arattıracak kadar kötü gelmektedir. Buna göre zamanımızda insanlar hiç bir zaman geleceğine güven içinde bakamazlar. Zaman zaman insan içinde bulunduğu güçlüklerden kurtulamayacağı kuşkusuna kapılır. Hep böyle yalnız bırakılacağı ve karşılaştığı zorlukları yenemeyeceği korkusu, onu bu zorluklardan kurtulabilmek için yapacağı atılımlardan alıkoyar. Yapacağı atılımlarda başarıya ulaşamayacağı korkusu, onu kabuğuna çekilmeye zorlar.

Oysaki çözülemeyeceğini sandığımız problemlerin, insanların birleşmesinden doğacak olan birleşmiş güçler karşısında hiç de dayanamayacağını bilmemiz gerekir. Biz insanlar, bizleri rahatsız eden olaylar üzerine toplu olarak gitmeye ve bizleri rahatsız eden konularda birleşmeye mecburuz. Birleştiğimiz zaman, başaramayacağımız hiç bir şey yoktur.

İnsanlar tek bir ağaç gibi hür ve bir orman gibi beraber yaşayabileceklerine inandıkları gün, geleceğe güven içinde bakabileceklerdir. Bunun için de kendilerinin bu yolda çaba harcamaları gerekmektedir.

Erläuterungen

28 B

1. Weitere Verbformen auf -ecek

Das Suffix **-ecek** haben wir bei der Bildung der Zeitformen des Futurs kennengelernt (Lekt. 21). Dieses Suffix ermöglicht aber auch die Bildung des **Partizips Futur** und eines **Verbalsubstantivs mit Futurbedeutung**. Beide Formen sind äußerlich gleich: **gelecek** heißt (wörtlich übersetzt) sowohl „kommen werdend" als auch „der Kommenwerdende". Da in der Anwendung eine klare Differenzierung zwischen Partizip und Verbalsubstantiv nicht möglich ist, sollen diese Formen nur in ihrer Bedeutung bei der Satzkonstruktion behandelt werden. Wir können es als Erleichterung ansehen, daß wir dabei auf die Anwendungsprinzipien des Partizips Präsens (Lekt. 22) und die des Verbalsubstantivs auf **-dik** (Lekt. 25 und 26) zurückgreifen können.

a) Verbformen auf -ecek als selbständige Substantive

gelec**eğe** güven **das Vertrauen** in die Zukunft

Viele Verbformen auf **-ecek** sind als selbständiges Substantiv zu einem festen Begriff geworden und können dekliniert werden. Weitere Beispiele:

al**acak**	*die Forderung*	ver**ecek**	*die (finanzielle) Schuld*
iç**ecek**	*das Getränk*	yi**yecek**	*Nahrungsmittel, Eßbares*
yak**acak**	*der Brennstoff*	gi**yecek**	*die Bekleidung*

b) Verbformen auf -ecek in Relativsätzen

İnsanların birleşmesinden doğ**acak olan** birleşmiş güçler.
Die gemeinsamen Kräfte, die aus der Einigung der Menschen geboren werden (werden).

Başar**amayacağımız** hiç bir şey yoktur.
Es gibt nichts, was wir nicht erfolgreich durchführen (werden) können.

Wenn das Subjekt im Relativsatz dem des Hauptsatzes entspricht, steht die Verbform auf **-ecek ohne** Possessivendung. Dabei ist zu beachten, daß wie beim Partizip der Vergangenheit (Lekt. 23) dem Partizip Futur **olan** bzw. **olanlar** hinzuzufügen ist, wenn man zum Partizip bzw. zum Substantiv eine bestimmte Aussage machen will. Wenn sich die Subjekte von Haupt- und Relativsatz **nicht** entsprechen, stehen die Possessivendungen.

c) Verbformen auf -ecek (verschiedenen Nebensätzen im Deutschen entsprechend)

İnsan**ın** başarıya ulaş**amayacağı** korkusu
Die Angst des Menschen, daß er nicht werde erfolgreich sein können. (= ... *nicht erfolgreich werden zu können*)

Problemler**in** dayan**amayacağını** bilmemiz gerekir.
Wir müssen wissen, daß die Probleme werden nicht weiter bestehen können.

Die Beispiele betreffen Verbalsubstantive auf **-ecek**. Diese stehen im Akkusativ, den das Substantiv bzw. der verkürzte Infinitiv verlangen. Wir übersetzen sie als daß-Sätze. Die Verwendung des Verbalsubstantivs auf **-ecek** ist derjenigen des Verbalsubstantivs auf **-dik** gleichzusetzen. Dementsprechend muß der Fall, den die Verben, Substantive oder Postpositionen verlangen, beachtet werden.

Beispiele:

Mühim bir sorumluluğu üzerime al**acağım(-)** için çok iyi hazırlanıyorum.
Da ich eine große Verantwortung übernehmen werde, bereite ich mich sehr gut vor.

İnsanlar kötü günler**in** gid**eceği** ümidi içinde yaşarlar.
Die Menschen leben in der Hoffnung, daß die schlechten Tage vorübergehen werden.

Amcam**ın** bu yıl bize gel**eceğine** inanıyoruz.
Wir glauben, daß mein Onkel dieses Jahr zu uns kommen wird.

2. Der Unterschied zwischen der Anwendung des Verbalsubstantivs auf -dik und des verkürzten Infinitivs (Wiederholung aus den Lektionen 20 und 26)

Biz insanlar bizleri rahatsız eden konularda **birleşmeye** mecburuz.
Wir Menschen sind gezwungen, uns in den Fragen, die uns belasten, zu einigen.

Birleştiğimiz zaman . . .
Nachdem wir uns geeinigt (vereinigt) haben, . . .

Die in diesen Sätzen verwendeten Verbformen von **birleşmek** sollen noch einmal darauf hinweisen, daß zwischen der Anwendung des verkürzten Infinitivs und der des Verbalsubstantivs deutlich unterschieden werden muß. Beide Formen **birleşme** und **birleştik** bedeuten „das Sichvereinigen". Der verkürzte Infinitiv wird dann gebraucht, wenn von einer Erwartung, einem Wunsch oder einer vorausschauenden Handlung die Rede ist. Im obigen Beispiel wird das auch durch **mecburuz** inhaltlich deutlich herausgestellt.

Dagegen wird das Verbalsubstantiv dann erforderlich, wenn sich die Handlung bereits ereignet hat oder wenn (wie in unserem Beispiel) eine Situation angenommen wird, in der das Geschehen bereits eingetreten ist.

Zwei weitere Beispiele:

Ben sözümü ona geçir**mesini** bilirim.
Ich weiß, wie ich mich bei ihm durchsetze(n kann).

Davacı haklarından vazgeç**mediğini** tekrarladı.
Der Kläger wiederholte, daß er auf seine Rechte nicht verzichtet habe.

3. Grundsätzliches zur Analyse von Satzgefügen im Türkischen

Im Türkischen entsprechen Partizipien, Verbalsubstantive und Verbaladverbien unseren Satzgefügen (Haupt- und Nebensätze). Wir müssen bei der Übersetzung die Satzteile des für einen Türken als Einheit erscheinenden Satzes in Haupt- und Nebensätze auflösen. Oft empfiehlt es sich auch, getrennte Hauptsätze daraus zu machen. Einem größeren türkischen Satz liegt ein hierarchisches System zugrunde, d.h. von einem Satzkern (entsprechend unserem Hauptsatz) sind Satzteile abhängig, denen wiederum untergeordnete Satzteile beigefügt sind. Vom Satzende aus, das in der Regel aus dem Prädikatsverb besteht, muß man dieses hierarchisch-kaskadenartige System analysieren. In dieser Lektion wurden deshalb mehrere solcher durchaus üblichen Satzkonstruktionen aufgenommen.

Oysaki çözülemeyeceğini sandığımız problemlerin, insanların
——— - - - - - - - - - - - - - - - - - - — — — — o o o o o

birleşmesinden doğacak olan birleşmiş güçler karşısında
o o o o o o o o o o o o o o o o × × × × × × × × × × × ×

hiç de dayanamayacağını bilmemiz gerekir.
— — — — — — — ————————

———— 1. Schritt: **Hauptsatz** (*Und doch müssen wir wissen . . .*)

— — — — 2. Schritt: **daß-Satz**

- - - - - - - - 3. Schritt: **Relativsatz** (Erläuterung der Art der „Probleme“)

× × × × × 4. Schritt: **adverbiale Bestimmung**

o o o o o 5. Schritt: **Relativsatz** (Erläuterung der adverbialen Bestimmung)

Übungen **28 C**

1. Übersetzen Sie die Sätze und ordnen Sie die Formen mit -ecek grammatikalisch ein:

a) İnsanlar iyi günlerin geleceğini ümit edemedikleri halde bu iyi günleri bekleler.
b) Yakın zamanda görüşemeyeceğimizden bir şey söyleyemem.

c) Çalıştıracak olan insan işçi bulur.
d) Gençler her zaman başarılı olabileceklerine inanırlar.
e) Otobüs şöförü: – İnecek var mı? diye soruyordu.
f) Biletçi bu vagonu ileride binecek olanlar için ayırmış.

2. Entscheiden Sie, ob in die Sätze der verkürzte Infinitiv oder das Verbalsubstantiv auf -dik der in Klammern stehenden Verben einzufügen ist:

a) Turgut'un mektubunu ..... sonra çok sevindim. (*almak*)
b) Turgut oğlunun Almanya'ya ..... istedi. (*gitmek*)
c) Hakim suçlunun derhal bulunup ..... emretti. (*getirilmek*)
d) Siz Türkiye'ye ..... zaman lütfen beni ziyaret ediniz. (*gelmek*)

3. Analysieren Sie für die Übersetzung folgenden Satz. Numerieren Sie das schrittweise Vorgehen:

Ne anadillerini ne de içerisinde yaşadıkları ülkenin dilini bilemeyen bu iki lisanlı çocukların yıllardır biriken eğitim sorunlarını, çözmeye çalışmamızın zamanı gelmiştir.

Vokabeln

alıkoymak	(in einer Tätigkeit) aufhalten, nachlassen
arattırmak	(überall) suchen
arattıracak kadar	... daß wir uns (danach) sehnen
atılım	Handlungsbereitschaft
başarmak	erfolgreich ausführen, zu Ende bringen
bırakılmak	gelassen werden
birleşmek	sich vereinigen
birleşmiş	vereinigt, gemeinsam
buna göre	dementsprechend
çaba harcalamak	sich bemühen
çözülmek	gelöst werden (*Probleme*)
doğmak	geboren werden
gerekmektedir	es ist (jetzt) erforderlich
güçlük	Schwierigkeit
güven	Zuversicht, Vertrauen
hep böyle	so ist es immer, wie immer
hiç de	auf keinen Fall
hür	frei, unabhängig
kabuğuna çekilmek	(*wörtlich:* sich ins Schneckenhaus zurückziehen) sich von allem zurückziehen
kapılmak	sich verleiten lassen
karşılaşmak	begegnen, konfrontiert werden
kötü	schlecht, unangenehm
kuşku	Angst
kuşkuya kapılmak	Angst aufkommen lassen
olay	Ereignis, Geschehen
'oysaki	aber, jedoch
problem	Problem

sanmak	glauben
uçsuz bucaksız	endlos
yenmek	besiegen
zorlamak	zwingen

Erläuterungen und Übungen:

alacak	Forderung
anadili	Muttersprache
biletçi	Schaffner
birikmek	sich ansammeln, sich anstauen
çözmek	lösen
davacı	Kläger
derhal [l ince]	sofort, unverzüglich
eğitim	Erziehung
hakim [k ince]	Richter
mühim	wichtig, groß
ne – ne de	weder – noch
oğul	Sohn
sorumluluk	Verantwortung
sorun	(strittige) Frage, Problem
suçlu	der Beschuldigte
vagon	Waggon
vazgeçmek	verzichten, aufgeben
verecek	(zu bezahlende) Schuld
yakacak	Brennstoff

29. Lektion

Türkiye Cumhuriyeti

29 A

Türkiye öyle bir memlekettir ki, henüz tabiat güzelliklerini korumaktadır. Yer altındaki madenleri, yer üstündeki ormanları uçsuz bucaksızdır. Öyle çok güzel görülecek, gezilecek yerleri vardır ki, dille anlatılamaz. Üç tarafındaki denizleri güzelliğine güzellik katar.

Üzerindeki insanları hep birlikte kardeş havası içinde yaşarlar. Bu insanlar ki birinci dünya harbinden sonra Türkiye'yi aralarında paylaşan emperyalistlere karşı birleşmişler, Atatürk'ün öncülüğünde ülkelerinden yedi düveli kovmayı başarmışlardır. Ne yazık ki savaş neticesi kazandıkları siyasal bağımsızlıklarını 1950 den sonra ekonomik yönden iyice kaybetmişlerdir.

Tekniğin dünyadaki gelişmesine ayak uyduramamışlar, Atatürk'ün öngördüğü dünyadaki yerlerini alamamışlardır.

En çok dışarıya sattıkları ham madenler, tarım ürünleri ve "modern kölelerdir". Dışarıdan satın aldıkları yapılmış eşyalar ve makinalardır. Dışarıya sattıkları ile aldıklarını karşılayamazlar. Şu son yıllardaki ticaret açıkları o kadar büyüktür ki, nerede ise dış borçlarını ödeyemez duruma gelmişlerdir. Türkiye'yi boğazdaki hasta adam diye adlandıranlar bile vardır. Hiç kimse demiyor ki, Türkler hiç bir zaman esir olmamışlar, her güçlüğü başarı ile aşmışlardır.

İlerici Türk gençliği Türkiye'yi bugünkü zor durumundan kurtarabilmek için çetin bir mücadele vermektedir.

Bu yoldaki mücadelede canlarını bile esirgememektedirler.
Atatürk diyor ki:

Ey Türk gençliği birinci vazifen Türk istiklâl ve Cumhuriyetini ilelebet muhafaza ve müdafaa etmektir. Bunun için muhtaç olduğun kudret, damarlarındaki asil kanda mevcuttur.

Erläuterungen **29 B**

1. Die Partikel ki

Das Suffix **-ki** haben wir bereits in der 3. Lektion kennengelernt. Es ist auch in dieser Lektion zur Unterscheidung der alleinstehenden Partikel **ki** zu finden.

Diese aus dem Persischen stammende Partikel wird zu Satzgefügen verwendet, die unseren Sprachgewohnheiten nahekommen. Wenn auch ihre Verwendung im Gegensatz zur echten türkischen Konstruktion steht, so nehmen nicht zuletzt in der Umgangssprache heute Sätze mit **ki** einen festen Platz ein. Hierbei wird durch die ansteigende Betonung und die anschließende kurze Pause eine Zäsur der voneinander abhängigen Sätze erreicht, die den rhythmischen Sprachverlauf im Türkischen unterstützt. Nach dem **ki** steht in der Regel ein Komma. Die Bedeutung von **ki** kann unterschiedlich sein:

a) Die Partikel ki in Relativsätzen

Türkiye öyle bir memlekettir **ki**, henüz tabiat güzelliklerini korumaktadır.
Die Türkei ist (so) ein Land, das immer noch seine Naturschönheiten schützt.

ki erfüllt hier die Aufgabe eines Relativpronomens.

b) Die Partikel ki, deutschen daß-Sätzen entsprechend

Şu son yıllardaki ticaret açıkları o kadar büyüktür **ki**, nerede ise dış borçlarını ödeyemez duruma gelmişlerdir.

Die Handelsdefizite der letzten Jahre sind so groß, daß sie fast immer in eine zahlungsunfähige Lage gegenüber dem Ausland geführt haben.

Atatürk diyor **ki**, ... (wörtliche Rede)
Atatürk sagt, daß ...

ki übernimmt hier die Aufgabe des Bindeworts „daß“. Besonders nach **demek, bilmek, düşünmek** und sinnverwandten Verben steht gern **ki**. Dabei ist zu beachten, daß nach einer Verbform von **demek** mit **ki** die **wörtliche** Rede (nicht wie im Deutschen die indirekte Rede) steht.

c) Die Partikel ki als Verstärkung

Ne yazık **ki** . . .
Doch wie schade, daß . . .

Ne yapalım **ki**?
Was sollen wir denn machen?

In bestimmten, besonders geläufigen Ausdrucksweisen dient **ki** der Verstärkung und kann im Deutschen mit „doch, denn“ usw. übersetzt werden. Oft ist ein daß-Satz gedanklich anzuschließen.

d) Die Partikel ki in festen Bindungen

ki kommt in bestimmten Bindungen vor und hat dabei eine feste Bedeutung:

bel**ki**	*vielleicht*	çün**kü** *denn*	halbu**ki** *indessen*
madem**ki**	*solange als*	oysa**ki** *indessen, und doch*	
san**ki**	*angenommen, daß . . ., als ob*		

2. Der Infinitiv mit dem Lokativ

İlerici Türk gençliği Türkiye'yi bugünkü zor durumundan kurtarabilmek için çetin bir mücadele ver**mektedir.**

Die fortschrittlich gesinnte türkische Jugend liefert sich (soeben) eine harte Auseinandersetzung, um die Türkei aus der heutigen Situation befreien zu können.

Mit dem Infinitiv + Lokativ und anschließendem Personalsuffix (vor allem dem Präsens von „sein“) wird ein Geschehen ausgedrückt, das sich im Augenblick vollzieht und noch andauert. Diese Verbform tritt bevorzugt in amtlichen und wissenschaftlichen Abhandlungen und in der Presse auf.

3. Grundsätzliches zum Gebrauch von etmek und olmak

a) etmek wird nur selten als alleinstehendes Verb gebraucht; dann bedeutet es *wert sein*:

Bu resim bin TL **eder**. Dieses Bild **hat einen Wert** von 1000 TL.

Dagegen werden unzählige feste Verbformen dadurch gebildet, daß **etmek** einem Substantiv zugeordnet wird:

Ey Türk gençliği, birinci vazifen Türk istiklâl ve cumhuriyetini ilelebet **muhafaza** ve **müdafaa etmektir**.

Du, türkische Jugend, deine erste Aufgabe ist es, die türkische Freiheit und Republik für alle Zeiten zu **beschützen** und zu **verteidigen**.

muhafaza *der Schutz*	muhafaza **etmek** *schützen*
müdafaa *die Verteidigung*	müdafaa **etmek** *verteidigen*

b) Die Grundbedeutung von **olmak** ist *werden zu* oder *vorhanden sein*, z.B. in sehr alltäglichen Formen wie:

olur *es geht in Ordnung*
olmaz *unmöglich, das geht nicht!*

olmak in Verbindung mit Adjektiven führt zu Verbformen, die „das Werden von etwas“ zum Ausdruck bringen:

Bunun için **muhtaç olduğun** kudret . . .
Die Kraft, die du dazu **benötigst**, . . .

muhtaç *benötigend*	muhtaç **olmak** *benötigen*

olmak wird auch dann immer wieder herangezogen, wenn eine Verbform des Hilfszeitworts „sein“, dessen Stamm ja nur aus einem **i** besteht, nicht gebildet werden kann:

- **als Partizip Präsens:**

  iyi **olan** hasta *der Patient, der jetzt wieder gesund geworden ist*

- **beim Futur:**

  Yarın misafirimiz **olacak**. *Morgen werden wir einen Gast haben.*

- **bei der Wunschform:**

  çocuk dikkatli **olsun** *das Kind soll aufmerksam sein*

Übungen 29 C

1. Türkiye öyle bir memlekettir ki, henüz tabiat güzelliklerini korumaktadır.

Türkiye henüz tabiat güzelliklerini koruyan bir memlekettir.

Verwandeln Sie nach diesem Beispiel folgende zwei Sätze mit ki in solche mit dem Partizip Präsens:

a) Çocukları biz anlamak istemiyoruz ki, onlar bize ürkek ürkek bakıyorlar.
b) Biz aynı hamam tellağını görüyorduk ki, o tanıdığı "sözde" zenginlere iltifat ediyordu.

2. Übersetzen Sie unter Verwendung von ki:

a) Ich weiß, daß ich mich verspätet habe.
b) Atatürk sagte, daß die türkische Jugend große Pflichten hat.
c) Niemand zweifelt daran, daß Atatürk die Freiheit seines Landes gerettet hat.
d) Wir verstehen nicht, daß ihr nicht kommen wollt.

3. Übersetzen Sie und ordnen Sie die Sätze den Anwendungsgruppen für die Partikel ki zu:

a) Sen ağaya ver ki Tanrım, ağa da bize versin.
b) O kadar eğlendik ki!
c) Şu adam ki, haline şükreder mutlu bir hayat sürer.
d) Ümit ediyor ki, sınav kazanacak.
e) Bilmem ki, ne yapsam.

4. Finden Sie treffende Übersetzungen für die verbreiteten Verbformen von olmak:

a) Ne oldu? Bir şey olmadı. Oldu olacak. Olsun.
b) Olduğu kadar. Yeteri kadar yemek olmalıdır.
c) Olmuş elma. Elmalar daha olmadı. Fazla olmuş bir armut.

Vokabeln

asil	rein (in der Gesinnung)
aşmak	überwinden
bağımsızlık	Unabhängigkeit
bile	sogar
boğaz	Hals
Boğaziçi	Bosporus
çetin	schwierig, hart
damar	Ader
düveli	die Mächte (*Pl. von* devlet *Staat*)
ekonomik	wirtschaftlich
emperyalist	Imperialist
esir olmak	in Abhängigkeit geraten, Gefangene sein
esirgemek	schützen
ey	*hier:* du (*als Anrede*)
ham	roh
henüz	noch
ilelebet	für alle Zeiten
ilerici	fortschrittlich gesinnt

istiklâl [l ince]	Unabhängigkeit, Freiheit
kan	Blut
katmak	hinzufügen, beifügen
kazanmak	gewinnen
korumak	schützen
kovmak	vertreiben
köle	Sklave, Fronarbeiter
kudret	Allmacht Gottes
mevcut	vorhanden
muhafaza etmek	schützen
muhtaç olmak	etwas benötigen
mücadele	Kampf, Auseinandersetzung
müdafaa etmek	verteidigen
netice	Ergebnis, Resultat
öncülük	Vorkämpfertum
öngörmek	ins Auge fassen, in Erwägung ziehen
paylaşmak	aufteilen
savaş	Kampf, Krieg
siyasal	politisch
tarım	Landwirtschaft
teknik	Technik
ticaret açıkları	Handelsdefizite
vazife	Pflicht
yer almak	eine Rolle spielen
yön	Seite, Richtung

Erläuterungen und Übungen:

sınav	Prüfung
sınavı kazanmak	die Prüfung bestehen
mutlu	glücklich
sanki	als ob; angenommen, daß
şükretmek	danken, zufrieden sein

30. Lektion

Avrupalılaşma Çabası

30 A

Türkler hemen hemen iki yüz yıldan beri avrupalılaşma çabası içindedirler. Ne yazık ki avrupalılaşmayı çıkarcı çevreler kendi açılarından değerlendirmekte ve uygulamaya çalışmaktadırlar. Bu nedenledir ki avrupalılaşma hareketleri hep askıda kalmıştır.

Cumhuriyetle beraber sosyal ve kültürel yönden başlatılan avrupalılaşma hareketleri başarısız kalmıştır. Bu sosyal ve kültürel batılaşma hareketlerini ekonomi ve bilim yönünden tamamlayamamışlar, hatta endüstri ülkelerinin ticarî sömürgesi durumuna düşmüşlerdir. Bunun neticesi olarak iki buçuk milyon Türk işçisi yabancı ülkelerde, o ülkelerin ekonomik kalkınmasına hizmet etmek zorunda kalmışlardır. Şu son yıllarda geçirdikleri ekonomik krizler kendi avrupalılaşma düşünçelerine bir yön vermelerine yeterli olacaktır her halde.

Avrupalılaşabilmek için önce modern bilim ve tekniğe sahip olmak gerekmektedir. Oysaki çıkarcı çevreler bunu her an engellemektedirler. Türkiye'de şu son yirmi yılda sömürge ülkelerine karşı hızlı bir ekonomik bağımsızlık savaşı yürütülmektedir. Sosyal gelişmelerin hızı oldukça büyüktür. Hatta bu sosyal savaşta günde ortalama 3–4 kişi hayatlarını kaybetmektedirler. Umuyoruz ki Türkiye bu ekonomik ve sosyal mücadeleler sonunda gerçek avrupalılaşmanın yolunu bulacak ve dünyadaki yerini alacaktır.

Erläuterungen **30 B**

Allgemeines über die Satzbildung im Türkischen als zusammenfassende Wiederholung

Einer der wesentlichen Unterschiede zwischen Türkisch und Deutsch ist die Syntax, die Lehre vom Satzbau.

Im Deutschen unterscheiden wir Hauptsätze und eine Fülle verschiedenartiger Nebensätze. Im Türkischen dagegen sind echte Nebensätze selten (z.B. Bedingungssätze mit -se); dafür können den verschiedenen Satzteilen jeweils Partizipien, Verbalsubstantive oder Verbaladverbien zugeordnet werden. Von diesen können wieder andere Satzteile abhängig sein, so daß ein hierarchisch-kaskadenartiger Satzaufbau entsteht (s. Erläuterungen Lekt. 28). Dies kann in literarischen Texten zu Satzkonstruktionen über viele Zeilen hinweg führen. Umfangreiche Satzkonstruktionen sind vor allem in der Schriftsprache zu finden. Es wäre aber falsch zu meinen, daß in der Umgangssprache nur einfache Sätze gesprochen werden. Gerade durch ein rhythmisches, den inhaltlichen Zusammenhängen gemäßes Sprechen ist es dem Türken möglich, den für uns ungewohnten Satzbau im Gespräch selbst zu schaffen und dem Gesprächspartner nahezubringen.

Für den Lernenden ist das Denken im Satzbau der Fremdsprache oberstes Gebot – und nicht die Übersetzung vom Deutschen ins Türkische. Zweifellos hat man anfangs immer wieder den Satzbau vom Deutschen her im Sinn. Um einen Überblick über die wichtigsten Satzkonstruktionen beider Sprachen zu geben, werden im folgenden deutsche Satzgefüge und türkische Beispielsätze gegenübergestellt:

1. Relativsätze

Cumhuriyetle beraber sosyal ve kültürel yönden **başlatılan** avrupalılaşma hareketleri başarısız kalmıştır.

Die Europäisierungsbewegungen, die gemeinsam mit (der Gründung) der Republik in kultureller und sozialer Hinsicht begonnen wurden, sind erfolglos geblieben.

Şu son yıllarda **geçirdikleri** ekonomik krizler ...
Die Wirtschaftskrisen, die jene (Staaten) in den letzten Jahren durchgemacht haben, ...

Benim iki dileğim var **ki**, ikisine de ulaşma olanağım yok.
Ich habe zwei Wünsche, die zu erreichen ich auch keine Möglichkeit habe.

2. Direkte und indirekte Fragesätze

Ben: – Ali ne zaman gelecek? **diye** Hasan'a sordum.
Ich fragte Hasan: „Wann wird Ali kommen?"

Ali'nin ne zaman **geleceğini** Hasan'a sordum.
Ich fragte Hasan, wann Ali kommen werde.

Turgut Robert'e: – Uzun yolculuk sırasında sıkıldınız mı? **diye** soruyordu.
Turgut fragte Robert: „Haben Sie sich auf der langen Reise gelangweilt?"

Uzun yolculuk sırasında Robert'in sıkılıp **sıkılmadığını** Turgut Robert'e soruyordu.
Turgut fragte Robert, ob er sich auf der langen Reise gelangweilt habe (oder nicht).

3. Konjunktionalsätze mit „daß" und Infinitivsätze mit „um — zu"

İnsanlar hep kötü günlerin **gidiceği** ve iyi günlerin **geleceği** ümidi içinde yaşarlar.
Die Menschen leben in der Hoffnung, daß alle schlechten Tage vergehen und die guten Tage kommen werden.

İmambayıldının çok lezzetli bir yemek **olduğunu** misafir öğrenmişti.
Der Gast hatte gelernt, daß İmambayıldı eine sehr schmackhafte Speise ist.

Umuyoruz **ki**, Türkiye bu ekonomik ve sosyal mücadeleler sonunda gerçek avrupalılaşmanın yolunu bulacaktır.
Wir hoffen, daß die Türkei nach Beendigung dieser wirtschaftlichen und sozialen Auseinandersetzungen den Weg der Europäisierung tatsächlich finden wird.

Avrupalılaşabilmek için önce modern bilim ve tekniğe sahip olmak **gerekmektedir**.
Für eine Europäisierung ist es erforderlich, zunächst modernes Wissen und Technik zu besitzen.

4. Adverbialsätze der Zeit

Türkler akşamları lokantada yemek yerler**ken** acele etmezler.
(Immer) wenn die Türken abends im Restaurant essen, haben sie es nicht eilig (nehmen sie sich Zeit).

Şarkıcılar çalgı çal**arak** şarkı söylediler.
Während die Sänger musizierten, sangen sie.

Mektupları yazdık**tan sonra** postaneye gittim.
Nachdem ich die Briefe geschrieben hatte, ging ich zur Post.

Birleş**tiğimiz zaman** başaramayacağımız hiç bir şey yoktur.
Wenn (nachdem) wir uns zusammengeschlossen haben, gibt es nichts, das wir nicht erfolgreich werden durchführen können.

Yolcu yazıhaneye gir**ince**, sahibi ona ne emredersiniz diye sordu.
Nachdem der Reisende ins Büro gekommen war, fragte ihn der (zuständige) Herr, was er wünsche.

Otobüs **gide gide** hıncahınç dolmuştu.
Nachdem der Omnibus immer weitergefahren war, war er brechend voll.

Deniz sıcak **olmadan** plaja gidemeyiz.
Bevor das Meer nicht warm wird, können wir nicht ins Strandbad gehen.

Nuri Bey gezmeye git**tikçe** çiçekleri komşusu suladı.
Immer wenn Herr Nuri verreiste, goß sein Nachbar seine Blumen.

5. Adverbialsätze der Art und Weise

Hatırla**dığıma göre** Otel Dedeman yeni yapıldı.
Wie ich mich erinnere, war das Hotel Dedeman neu erbaut.

6. Adverbialsätze des Grundes

Yedi çocuğa ve hanıma bakmaya **mecbur olduğu için** ayrıca seyyar satıcılık yapıyordu.
Der fliegende Händler bot Waren an, weil er seine Frau und sieben Kinder versorgen mußte.

Tatil evimiz denizin kıyısında **olduğundan** çok sıcak olmuyordu.
Weil unser Ferienhaus am Ufer lag, wurde es nicht sehr heiß.

7. Adverbialsätze der Einräumung

Çok bekleyen olmasın**a rağmen** lastikçi benim lastiği önce yaptı.
Obwohl viele Kunden warteten, reparierte der Reifenhändler meinen Reifen zuerst.

Yabancılar Avrupa'da yıllardır yaşa**dıkları halde** Avrupa'nın yaşamına ayak uyduramamışlar.
Obwohl die Fremden schon jahrelang in Europa leben, haben sie sich nicht dem Leben in Europa anpassen können.

8. Adverbialsätze der Bedingung

Hesabınızı bu bankada **açtırırsanız** seneden seneye faiz alacaksınız.
Wenn Sie in unserer Bank ein Konto eröffnen, erhalten Sie jährlich Zinsen.
Nasreddin Hoca düğüne iyi elbisesiyle gelmiş **olsaydı** oradakiler ona baş köşede bir yer göstermiş olurlardı.
Wenn Nasreddin Hoca gut gekleidet zur Hochzeit gekommen wäre, hätten ihm die Anwesenden einen Ehrenplatz angeboten.

Übungen 30 C

1. Ordnen Sie folgende Sprichwörter nach ihrem Satzbau ein. Übersetzen Sie und versuchen Sie, diese im Blick auf Sprichwörter in unserer Sprache zu interpretieren:

a) İşleyen demir paslanmaz.
b) Ne ekersen onu biçersin.
c) Damlaya damlaya göl olur, damlacıktan sel olur.
d) Baş başa vermeyince taş yerinden kalkmaz.
e) Dostun attığı taş baş yarmaz.
f) Sütten ağzı yanan yoğurdu üfleyerek yer.

2. Ordnen Sie ebenfalls folgende prägnante Ausspruche syntaktisch ein und übersetzen Sie diese:

a) Vatan sıhhate benzer, kıymeti kaybedince anlaşılır. (*Süleyman Nazif*)
b) Bana arkadaşını söyle, sana kim olduğunu söyliyeyim. (*Cervantes*)
c) Bilmediğimi bildiğim için diğer insanlardan akıllıyım. (*Sokrates*)
d) Bir insanı tanımak istiyorsanız, onu büyük bir mevkiye geçiriniz. (*Tagore*)
e) Gündüz kandilini hazırlamayan gece karanlığa razı demektir. (*Cenap Şehabettin*)
f) Kitaplar hiç solmayacak bitkilerdir. (*Herrik*)
g) İstediğinizi öğrenin fakat bildiğinize göre hareket etmedikçe bilimin size hiçbir faydası olmaz. (*Hazreti Muhammet*)
h) Sanatsız kalan bir milletin hayat damarlarından biri kopmuş demektir. (*Kemal Atatürk*)

Vokabeln

açı	Standpunkt
an	Augenblick
askıda kalmak	in der Schwebe halten
avrupalılaşmak	sich europäisieren
başlatmak	Zeichen zum Beginn setzen
bilim	Wissenschaft
çaba	Bemühung
çalgi çalmak	musizieren
çıkarcı çevreler	die Kreise, die nur auf ihren eigenen Vorteil bedacht sind
değerlendirmek	beurteilen
düşmek	fallen
düşünce	Gedanke
ekonomi	Wirtschaft
endüstri	Industrie
engellemek	verhindern
geçirmek	überstehen
gerçek	tatsächlich
'hatta	sogar
hızlı	rasch, schnell
hizmet etmek	dienen
kalkınma	Aufstieg
kriz	Krise
kültürel	kulturell
neden	Ursache, Grund
ortalama	durchschnittlich
sömürge	Kolonie
ticarî	wirtschaftlich
uygulamak	praktisch durchführen
yeterli olmak	ausreichend sein
yön vermek	Zielrichtung angeben
yürütülmek	in Gang gesetzt werden
zorunda kalmak	gezwungen sein

Erläuterungen und Übungen:

anlaşılır	begreiflich
baş başa	gemeinsam, unter vier Augen
baş başa vermek	sich solidarisieren
baş yarmak	lästig sein
biçmek	zuschneiden; *hier:* ernten
damlamak	tropfen
dilek	Wunsch
ekmek	säen
faydası olmak	Nutzen bringen
hıncahınç	brechend voll
işlemek	bearbeiten
kandil	Öllämpchen
karanlık	Dunkelheit
kıymet	Wert
kopmak	abreißen
kopmuş demektir	ist (tatsächlich) abgerissen
mevki	*hier:* hohes Amt, hohe Stellung
millet	Nation, Volk
paslanmak	rostig werden
razı demek	zufrieden sein
sanat	Handwerk
solmak	verwelken
sulamak	gießen
yanmak	verbrennen

Sachregister

Die Zahlen verweisen auf die Lektionen, die Großbuchstaben auf die Abschnitte der Lektionen.

Die wichtigsten Suffixe und Suffixgruppen sind alphabetisch geordnet. Die kleine Vokalharmonie ist durch -e (-a), z.B. -se (-sa), immer bezeichnet, die große Vokalharmonie bei den markantesten Suffixen, z.B. -i (-ü, -ı, -u).